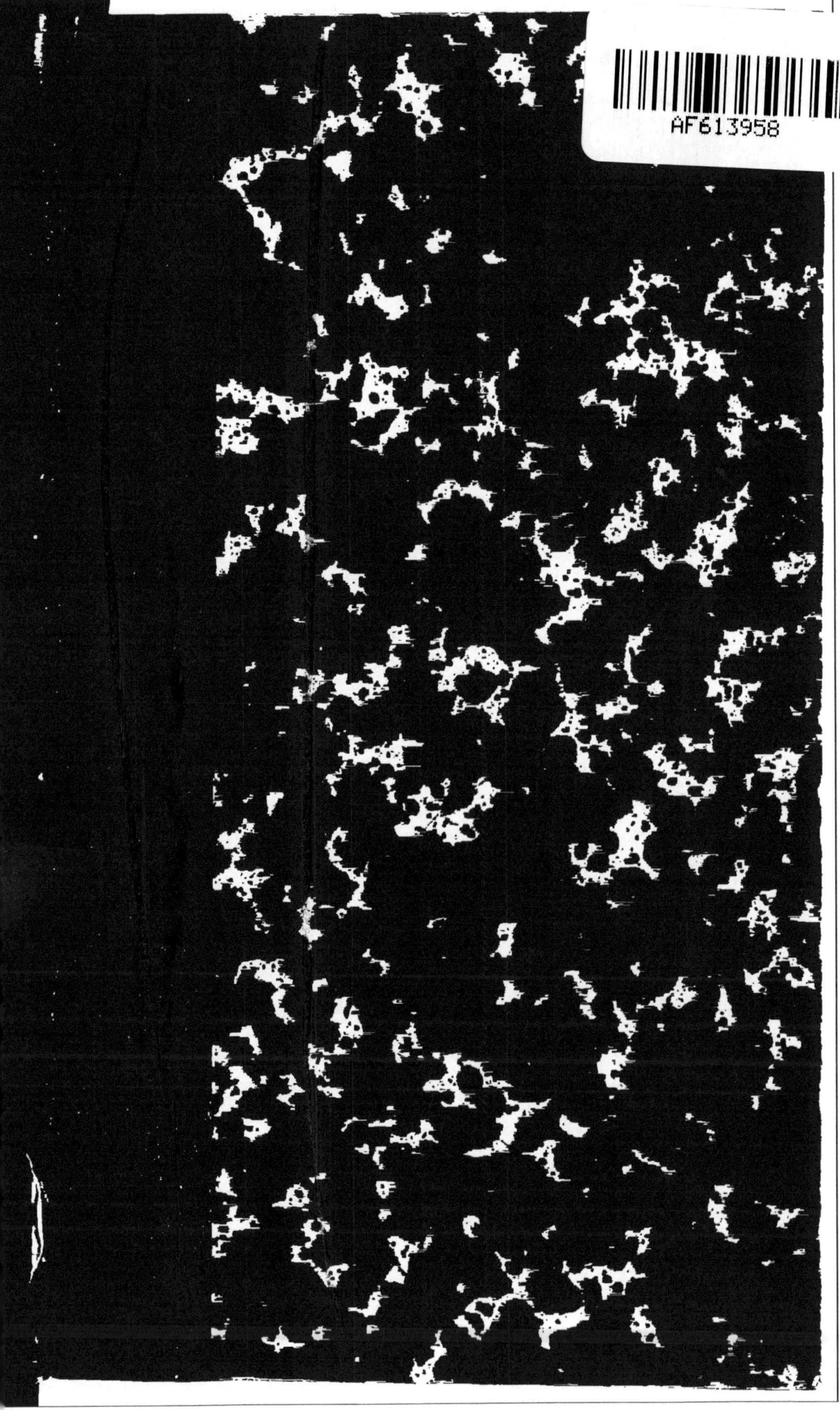

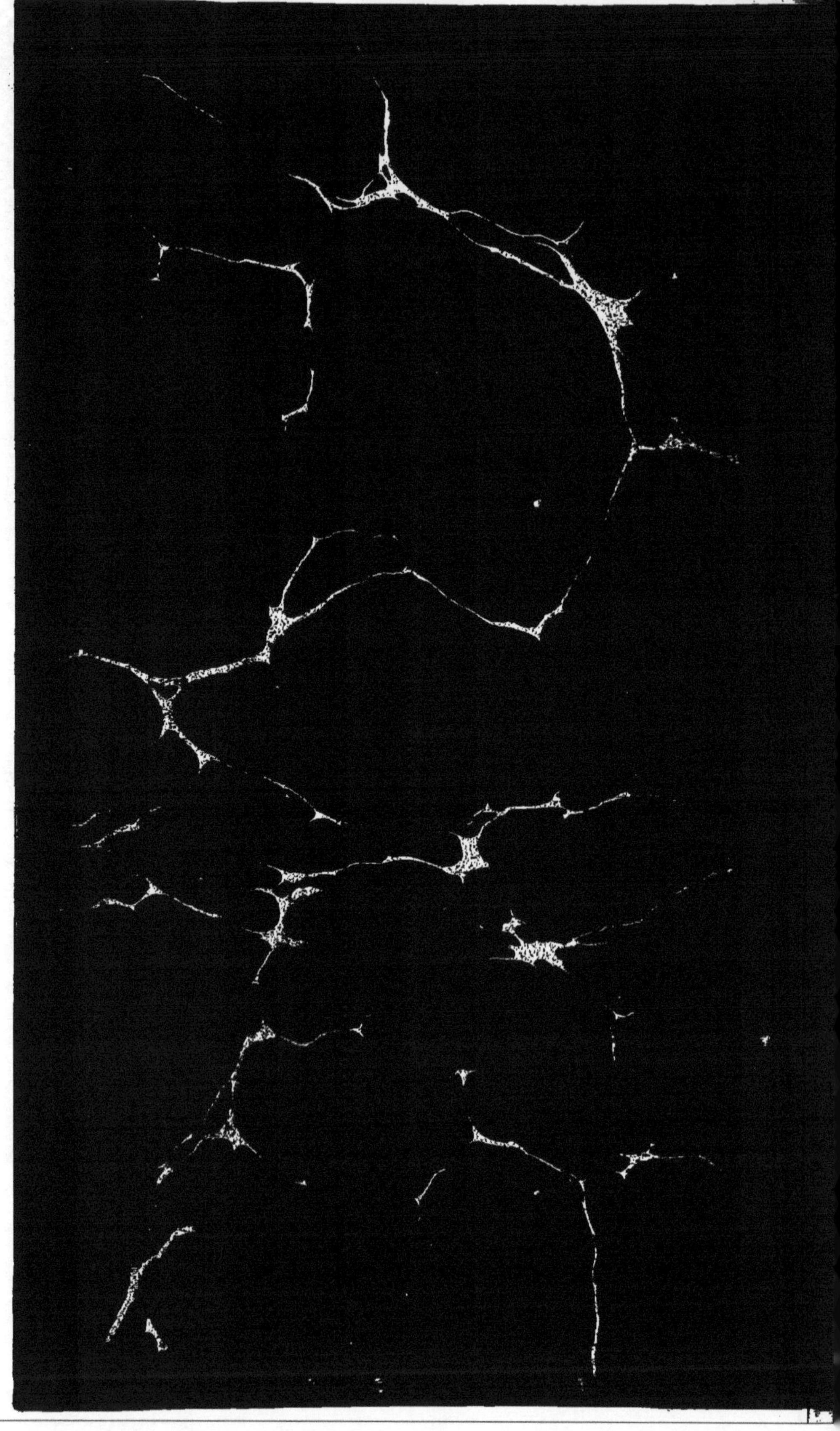

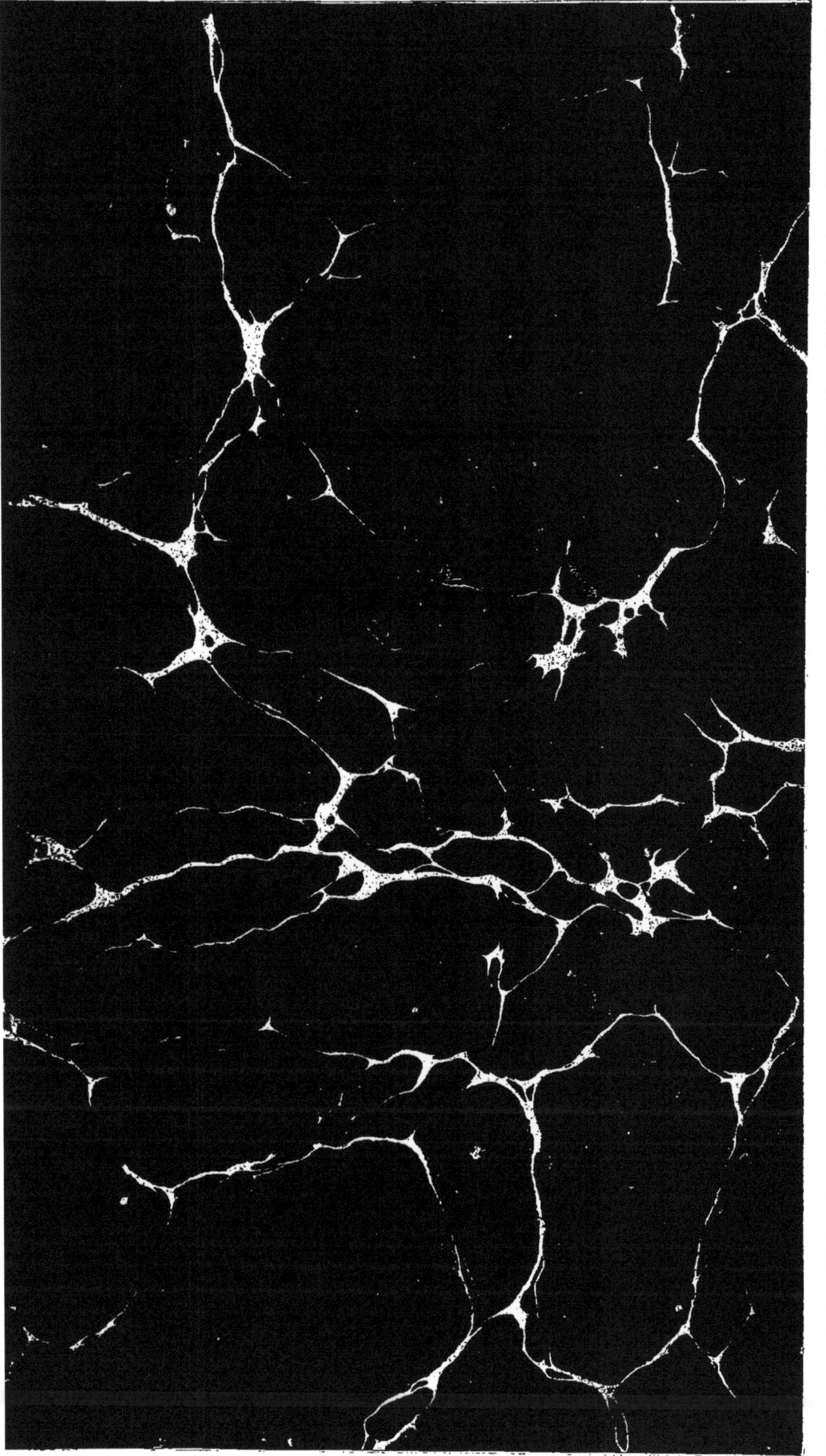

DE LA PLURALITÉ

DES RACES HUMAINES

DU MÊME AUTEUR

Précis d'histologie humaine d'après les travaux de l'École française. In-8. Paris, 1864.

Des colorations de l'épiderme. In-4. Paris, 1864.

Programme d'une géographie nosologique. Broch. in-8. Paris, 1859.

Excursion aux carrières de Saint-Acheul. Broch. in-8. Rouen, 1860.

Dongolah et la Nubie. In-8. Bruxelles, 1861.

Nouvelles expériences sur la génération spontanée et la résistance vitale, par le docteur F. A. Pouchet, directeur du Muséum d'histoire naturelle de Rouen. Paris, 1864. 1 vol. in-8, avec 20 figures dans le texte et une planche coloriée.

CORBEIL. — TYP. ET STÉR. DE CRÉTÉ.

DE LA PLURALITÉ

DES

RACES HUMAINES

ESSAI ANTHROPOLOGIQUE

PAR

GEORGES POUCHET

Nous avons appris à douter.
E. GEOFFROY.

DEUXIÈME ÉDITION

PARIS
VICTOR MASSON ET FILS
PLACE DE L'ECOLE DE MÉDECINE

MDCCCLXIV

1864

AU PROFESSEUR

RICHARD OWEN

MONSIEUR

Je vous avais prié d'agréer l'hommage de la première édition de cet essai, en souvenir de l'hospitalité tout affable que j'ai reçue autrefois au *cottage* de Mort-Lake, et de ces longues conversations où vous me prodiguiez vos conseils.

La dette de l'hospitalité n'a point d'échéance. Je suis heureux d'avoir une fois de plus l'occasion de vous témoigner ma gratitude et mon admiration pour vos grands travaux.

GEORGES POUCHET.

Muséum de Rouen, 1er juillet 1864.

PRÉFACE

Nous offrons aujourd'hui au public la deuxième édition d'un livre dont le succès dépassa de beaucoup notre attente. Accueilli avec bienveillance par les uns, il fut d'un certain côté l'objet de violentes attaques. Dénoncé aux plus hauts représentants de l'autorité universitaire dont je dépendais, je ne dus qu'à l'équité d'un des savants qui honorent le plus l'Institut, d'échapper aux tracas que pouvait m'attirer, il paraît, une opinion scientifique en désaccord avec les livres attribués au prophète Moïse. Que mon illustre protecteur reçoive ici l'expression de toute ma reconnaissance. — L'esprit a marché depuis six ans, et les mêmes ennuis ne sont plus à craindre.

On trouvera dans cette nouvelle édition un certain nombre de changements : c'est le propre des sciences. Dans les choses d'imagination, quand l'artiste a parfait son œuvre, il la jette au monde et suit ailleurs sa fantaisie. Si les sciences ne se composaient que de vérités, les conditions seraient à peu près les mêmes pour leurs disciples; mais le chercheur n'est pas un créateur comme l'artiste, il explique, il ne fait que refléter un monde de faits, variable à chaque heure selon que les hypothèses se transforment en certitudes ou les certitudes d'hier en doutes d'aujourd'hui. C'est donc un travail incessant de réparations et de changements pour maintenir l'œuvre la plus modeste en harmonie avec les progrès journaliers de la Science : nous avons fait ce travail autant qu'il a dépendu de nous.

Nous avons apporté un grand soin au répertoire bibliographique. Nous avons même indiqué par leurs titres tous les articles de journaux, de revues ou de recueils académiques, auxquels nous renvoyons le lecteur. Nous sommes certain que ceux-là nous en sauront gré, qui connaissent la tâche ingrate de fouiller des bibliothèques aussi peu cataloguées que le sont la plupart des nôtres. C'est dans les Mémoires seulement que se trouve l'expression de la Science à un moment donné. Les livres ne sont que des résumés : ils sont en retard le jour qu'ils paraissent.

G. P.

DE LA PLURALITÉ

DES RACES HUMAINES

INTRODUCTION

Longtemps, dans les âges modernes, les sciences n'ont été pour tous, à peu près, que ce qu'elles étaient encore pour Servet, une simple paraphrase ou glose des textes révélés. Dans ceux-ci était la vérité, et si l'observation semblait parfois contradictoire, c'est qu'on devait se tromper; il fallait examiner de nouveau la question en litige, et, à force de retourner les faits, on les altérait si bien qu'ils finissaient toujours par concorder.

Dans tout l'Orient, chez la race sémitique (1),

(1) Nous devons prévenir ici le lecteur, une fois pour toutes, que nous emploierons jusqu'à nouvel ordre le mot *race* pour désigner les différents groupes naturels du *genre* humain. Nous nous proposons précisément de démontrer que ces groupes constituent de véritables *espèces*. M. de Quatrefages nous a reproché à ce sujet une confusion qui s'explique en partie par une inexactitude de la citation qu'il nous emprunte. Il nous fait dire : « La *pluralité de races* originelles, autrement dit la *pluralité des espèces* du genre homme... » (*Unité de l'espèce humaine*. 1861, p. 309.) Il y a dans notre texte : « La pluralité originelle des races, autrement dit la pluralité des *espèces* composant le genre HOMME, etc...» — Il est évident que la confusion qui est là dans les mots, est précisément volontaire.

celle qui possède par excellence le respect de l'autorité, la science en est encore là. Hors la Loi, pas de science, et le Koran est ce qu'étaient au moyen âge les livres des Ben-Israël, et les écrits des Apôtres, la grande, la seule autorité à laquelle il faut tout rapporter (1).

Si les sciences ont brillé d'un vif éclat en Orient, ce fut dû seulement à l'introduction d'une philosophie plus humaine, née chez une autre race, apportée par les œuvres d'Aristote et des néo-platoniciens. L'Orient s'inspira un instant de ces doctrines étrangères, qu'il eût été incapable de formuler lui-même. Il s'échauffa un siècle ou deux à leur influence, mais bientôt tout rentra dans l'ordre; lui dans la barbarie du théisme pur, d'où il ne serait jamais sorti sans le contact d'un monde étranger et supérieur à certains égards, sans l'éducation momentanée qu'il en reçut.

Toutes les sciences ne sont pas dans le même rapport intime avec les textes dits révélés; l'ordre mathésiologique est celui même dans lequel les sciences ont eu et pouvaient avoir le moins à subir l'influence religieuse : en tête, les mathématiques qui n'auraient

(1) Un jour à Korosko, en Nubie, je causais avec un des principaux officiers de Méhémet-Seïd, du tremblement de terre éprouvé dans la basse Égypte, le 12 octobre 1856. Il me demanda quelle était la cause de ce phénomène. Je tentai une explication à la portée d'un homme sans la moindre connaissance dans cette partie des sciences. Il me répliqua par l'histoire de la vache qui jette la Terre d'une de ses cornes sur l'autre, en me disant que c'était écrit et que cette croyance devait lui suffire.

su, par leur nature, s'y plier ; à l'autre extrémité la géologie et l'anthropologie liées par des relations intimes à la tradition éloïmique du premier chapitre de la Genèse. Mais voilà que la géologie qu'on avait cru si longtemps concorder avec elle, s'en éloigne chaque jour davantage, à mesure que les découvertes se multiplient. Les prétendues *époques* voient chaque jour disparaître les limites artificielles qu'on avait imaginées : maintenant qu'on trouve des reptiles dans les terrains houillers et des mammifères dans le trias.

L'anthropologie en France, semble enfin vouloir s'affranchir du joug honteux qui a longtemps paralysé son essor. Elle réclame l'indépendance à son tour. Mais, on dirait que le principe d'autorité défait sur tant de points, a concentré ses suprêmes efforts derrière ce dernier rempart, appelant à son aide des semblants de morale et de convenance. La question de l'unité ou de la pluralité des races humaines en tant qu'espèces n'est que scientifique : on en fait une question de principes, comme au temps de Galilée quand il fut question de renverser les idées du vieux monde, appuyées sur un témoignage dont il n'était pas permis de douter. Aussi la lutte est vive (1) ; on sent qu'il s'agit presque d'un dogme, non plus d'un fait accessoire. La science se

(1) Il suffit pour s'en assurer de parcourir les *Bulletins de la Société d'anthropologie*, dont la création même est due surtout au zèle infatigable d'un partisan des doctrines que nous défendons : M. P. Broca.

heurte là avec la religion, comme en géologie, comme autrefois en astronomie; mais nulle part le choc n'est plus violent, nulle part les conséquences n'en peuvent être aussi grandes. L'anthropologie, plus que toute science, doit avoir des résultats immenses; qui ne voit que l'abîme se creuse tous les jours plus profond sous les croyances du passé et que la science à un moment donné deviendra l'assise d'une morale plus parfaite (1)?

Cet antagonisme est la première difficulté que nous trouvons au seuil de l'anthropologie. Nous aurions voulu entrer en matière sans avoir besoin, non pas même de discuter, mais seulement de montrer le point discuté de la question. Par malheur, l'exemple nous était donné; nous devons le suivre.

Deux écoles sont en présence en anthropologie, l'une dite des *Polygénistes*, et l'autre des *Monogénistes* (2), deux mots venus d'Amérique, et que nous acceptons parce qu'ils ont le précieux avantage d'être nets et précis, déterminant, par le point opposé de leurs doctrines, deux écoles distinctes, l'une qui ne voit dans le genre humain qu'une famille dont quelques membres ont seuls conservé le type primitif altéré partout ailleurs; l'autre école ne

(1) L'anthropologie n'est pas la seule, parmi les sciences modernes, qui ouvre à l'esprit humain ces voies nouvelles. Cf. Michelet, *L'insecte*, p. 106. — Voy. aussi Bourdet. *Traité d'éducation positive*, 1863.

(2) Ce nom a été définitivement adopté en France, de préférence à celui d'*Unitaires*, employé par M. de Gobineau.

reconnaissant entre les races humaines aucune parenté directe.

L'école polygéniste est relativement moderne : les fondateurs de l'anthropologie, les Blumenbach, les Prichard, appartenaient à l'autre. Or, s'ils s'étaient placés à un point de vue tout philosophique ou tout expérimental, on serait fort mal venu aujourd'hui à reporter la question sur un terrain brûlant.

Il n'en a pas été ainsi. La plupart des monogénistes (1) ont eu jusque dans ces derniers temps le tort immense d'invoquer comme preuve à leurs idées une autorité qu'il n'est pas permis de discuter. La science n'est ni un attribut spécial de castes privilégiées, ni donnée à certains temps de préfé-

(1) « Tous les monogénistes, » avions-nous dit dans la première édition de ce livre. M. de Quatrefages a vivement réclamé contre ces mots (*Unité de l'espèce humaine*, 1861, p. 299), et se montre dans le même passage, adversaire déclaré de toute immixtion de la Religion dans le domaine de la science. Nous sommes trop heureux de cette déclaration pour ne pas la rappeler ici. Nous aurons le regret, dans les pages suivantes, de n'être pas toujours d'accord avec les maîtres de la science, avec ceux mêmes qui ont été les nôtres. Nous avons pu être conduit à effleurer quelques questions déjà traitées par eux, en suivant une autre voie, d'un autre point de vue; de là des dissidences. Notre excuse est dans le droit universel au libre examen. Au reste, nous nommerons toujours les personnes avec qui nous nous croirons en désaccord. « Ne pas le faire, a dit Bayle, c'est en quelque façon un excès de cérémonie préjudiciable à la liberté dont on doit jouir dans la république des lettres; c'est y introduire des œuvres de surérogation. Il doit y être permis de nommer ceux qu'on réfute; il suffit de s'éloigner de l'esprit d'aigreur, injurieux et malhonnête. » (*Dictionnaire philosophique*, art. *Pereira*, note D.)

rence à d'autres ; elle n'a jamais eu besoin d'attendre une révélation ; elle est universelle, et tous les hommes doués des mêmes facultés ont toujours pu, dans tous les pays et dans tous les temps, la mener aussi loin, quand ils ont eu les mêmes instruments et les mêmes occasions d'observer ; c'est ainsi que la psychologie, basée sur la simple réflexion, n'a pas plus progressé de nos jours qu'à Athènes ou à Alexandrie : de Platon à Descartes, il n'y a que la distance d'un système à un autre.

« Historiens de ce qui est, a dit le chef illustre « de l'école philosophique en France, Étienne Geoffroy Saint-Hilaire, nous ne pouvons faillir que « si nous cessons de raconter le vrai (1). » Or, la vérité dans les sciences ne peut ressortir que de deux sources, le raisonnement à la manière des mathématiques et l'observation, dont l'expérimentation n'est qu'une variété. Toute idée *à priori*, toute hypothèse n'est bonne qu'autant qu'on l'accepte à la condition fermement arrêtée de l'abandonner aussitôt que les faits ne seront plus explicables par elle. Sans cela, l'influence en est désastreuse, que l'origine de cette conception préalable soit en nous-mêmes ou en dehors de nous-mêmes, qu'elle soit nôtre ou qu'elle nous ait été imposée (2).

(1) E. Geoffroy Saint-Hilaire n'a cependant pas pu s'affranchir complétement lui-même de l'influence fâcheuse que nous essayons de combattre. Voy. *Comptes rendus de l'Académie des sciences*, t. IV, p. 78.

(2) « Il est trop évident, dit un philosophe moderne, qu'aux regards de la science, qui, tout en raisonnant ses découvertes, se

En partant d'une idée préconçue on arrive le plus souvent dans les sciences à des allégations fausses, toujours à des incertitudes. C'est sur des raisons de cet ordre qu'on n'a pas craint d'appuyer la théorie de l'unité de l'espèce humaine (1); puis, cette hypothèse acceptée, on a fait cadrer avec elle, bon gré mal gré, tous les faits observés. Les principes généralement admis de la classification gênaient-ils? on passait, on fermait les yeux aux différences les plus profondes, les plus tranchées, les plus évidentes. L'unité ne devait-elle pas triompher? Qu'importait d'ailleurs que le nègre descendît du blanc ou que ce fût l'inverse, car les deux opinions ont été défendues : pour les uns quelques générations avaient suffi à transformer en habitant de la Nouvelle-Hollande le beau sang hellénique qui donnait à Phidias et à Praxitèle leurs modèles. Pour les autres les nègres étaient la vraie représen-

fait une loi de ne rien admettre en théorie qui ne soit démontré par l'expérience, l'accord de la foi avec la raison est une chimère; pour parler plus exactement, un pareil problème n'existe pas. La condition de la science étant l'observation des faits, non pas de faits produits par exception, aperçus par aventure, signalés par des témoins privilégiés et ne pouvant à volonté se reproduire, mais de faits constants, placés sous la main de l'observateur et toujours vérifiables, on conçoit que la religion ne puisse en aucune sorte se soumettre à de telles exigences, et que la foi qu'elle réclame, soit, sous ce rapport, radicalement incompatible. » P. J. Proudhon, *De la justice*, t. II, p. 309. — Voy. encore sur ce sujet, L. Fleury (*Le progrès*, 1858, n° 4, p. 92); — De Jouvencel (*Bulletins de la Société d'anthropologie*, 2 mai 1861).

(1) Voy. Bertillon, *Bulletins de la Société d'anthropologie*, 18 juin 1863.

tation de nos premiers parents, cette œuvre parfaite échappée la dernière aux mains d'un Dieu.

C. H. Smith (1) admettrait qu'à l'origine ont été créés séparément plusieurs groupes d'hommes, si la révélation n'était positive sur ce point. — Nous recommandons dans Kaempfer un spécimen curieux entre tous, de ce qu'on pourrait appeler l'*Ethnologie orthodoxe* : ayant découvert que les Japonais n'ont rien de commun avec les Chinois, il décide avec une merveilleuse assurance qu'ils sont directement venus des échafaudages de la tour de Babel. Et comme leur langue ne ressemble à aucune autre, il en tire cette autre conclusion qu'ils ont dû voyager très-vite, sans établir de relations avec personne (2) !

Et qu'on ne dise point que c'est là une manière surannée de traiter des sciences. La physique et la chimie orthodoxes ne sont point des mythes.

M. Marcel de Serres, qui s'est aussi occupé d'anthropologie, parlant des discussions élevées entre les partisans de l'émission et ceux de l'ondulation lumineuse, n'ajoute-t-il pas que cette dernière théorie a plus de chances d'être exacte, « parce que les « faits rapportés par le législateur des Hébreux lui « semblent plus favorables (3) ! » La Congrégation de l'Index jugeant Galilée ne raisonnait pas autre-

(1) *The Natural History of the Human Species*, 1848, p. 40.

(2) Kaempfer, *Histoire naturelle, etc., du Japon*. Lahaye, 1729, t. I, p. 75.

(3) Marcel de Serres, *De l'unité de l'espèce humaine*. (*Bibl. univ. de Genève*, nouv. série, t. LIV, 1844, p. 145.)

ment (1). — On arrive ainsi tout droit à proscrire certaines recherches et nous nous demandons comment deux hommes aussi éminents que Humboldt et Bompland ont pu signer des lignes comme celles-ci : « La question générale de la première origine des habitants d'un continent est au delà des limites prescrites à l'histoire, *peut-être même n'est-ce pas une question philosophique* (2) ! » Il est vrai que l'ouvrage où se trouve cette singulière déclaration, est dédié à S. M. CATHOLIQUE Charles IV.

Grâce à ces influences fatales, grâce aux interdictions dont on eût voulu frapper l'histoire naturelle de l'homme, comme si l'on eût craint de voir jaillir avec la pleine lumière l'étincelle qui doit consommer la ruine du passé, grâce à tous ces obstacles, l'anthropologie fut longtemps arriérée.

C'est en Amérique qu'on la vit d'abord reprendre son rang, dans cette patrie de toutes les libertés. C'est là que notre vieux continent dut aller chercher des maîtres qui avaient su entrer dans les sciences avec cet esprit libre et indépendant qui jadis, par Épicure, affranchit l'homme du joug de la superstition et rendit à l'intelligence le sceptre du monde.

(1) « La doctrine attribuée à Copernic, disait la déclaration faite par le pape et publiée par le Saint-Office, que la terre se meut autour du soleil, et que le soleil se maintient immobile au centre du monde sans se mouvoir d'orient en occident, est contraire aux saintes Ecritures, et par conséquent ne peut être professée ni défendue. » Biot, *La vérité sur le procès de Galilée*, dans le *Journal des savants*, juillet 1858, p. 401.

(2) *Essai politique sur la Nouvelle-Espagne*, t. II, p. 79.

Le dix-huitième siècle, avec tout son scepticisme, n'avait guère fait de ce côté ; son défaut même était dans ce scepticisme, dans ce doute *à priori*. Il rejetait, il n'examinait pas, aussi son œuvre fut peu durable, et les quelques lignes de Voltaire, que son bon sens avait écrites dans une tendance polygéniste, n'eurent aucune influence (1).

Aujourd'hui la France et l'Angleterre marchent pleinement dans la voie scientifique ouverte par l'école américaine. Il y a quelques années on avait essayé en vain dans ces deux pays la création de sociétés savantes pour l'étude de l'ethnologie, elles ont succombé. Aujourd'hui Paris et Londres comptent deux *Sociétés d'anthropologie* prospères (2).

Nous n'hésitons pas à trouver la raison de ce succès dans le discrédit profond où est tombée cette immixtion trop prolongée des affaires de foi dans les choses de science.

En dehors de l'influence religieuse, il en est encore une autre qui peut se faire sentir sur l'anthropologiste. Nous voulons parler de ces sentiments infiniment respectables d'égalité et de confraternité qu'un noble cœur doit ressentir pour tous les hommes, quelle que soit leur origine, quelle que soit la nuance de leur peau, mais dont le *chercheur* (3) doit se dé-

(1) *Essai sur les mœurs*, Introd., § 2.

(2) Il est même question d'instituer à la Société linnéenne une section nouvelle d'anthropologie. Voy. *Letter from E. W. Broyley*, *Medical Times and Gazette*, p. 491, 10 mai 1862.

(3) C'est Alphonse Karr qui le premier a proposé très-heureu-

barrasser, dût-il en coûter beaucoup à l'*homme*. De tels instincts honorent celui qu'ils animent, mais ils ne peuvent que nuire à la science quand ils interviennent. Combien d'années, combien de siècles, l'anatomie et la médecine ont-elles dû attendre pour prendre un essor durable? Le respect des morts est sans doute un sentiment humain, s'il en fut, mais il paralysait ces deux branches de nos connaissances : elles ne sont devenues possibles qu'en profanant les dépouilles mortelles révérées des religions de l'antiquité. La physiologie, si éclairée par les vivisections, ne connaît pas la pitié : l'homme l'éprouve, mais le physiologiste la renferme en lui-même; il l'anéantit momentanément, parce qu'elle nuirait à la recherche des lois de la vie.

Il faut l'avouer, la science qui nous occupe, n'a pas su tout à fait se débarrasser chez nous de ce qu'on pourrait appeler les *convenances morales*. Elles ont puissamment influé sur certains esprits, tantôt à leur insu, tantôt de leur plein gré (1).

Nous avons entendu nous-même d'éminents professeurs (2) faire un noble appel à la fraternité qui doit exister entre les hommes, plaider dans leurs chaires la cause des races inférieures, et proclamer l'égalité des populations africaines avec nous-mêmes.

sement de substituer ce nom de *chercheur* à celui de *savant*. *Nouvelles Guêpes*, février 1859.

(1) Voy. par exemple, Pucheran, *Considérations anatomiques sur les formes de la tête osseuse*. Paris, 1841 (Thèse).

(2) M. Serre dans ses leçons d'anthropologie au Jardin des Plantes.

D'aussi nobles théories étaient accueillies comme elles devaient l'être, par les plus chaleureux applaudissements. Il reste seulement à savoir si c'est là une marche vraiment philosophique, et si la bienveillance, la pitié, la compassion, ont une valeur dans la grande balance des faits.

Il était temps vraiment qu'une nouvelle méthode, indépendante, se fît jour en anthropologie, comme elle s'est fait jour en astronomie, comme elle commence aussi en géologie. Il était temps de rendre à l'esprit humain ses ailes. Des faits, des raisonnements appuyés sur des faits, voilà la seule base de tout travail solide, de toute certitude dans les sciences; c'est la seule méthode aussi qui puisse nous mener — d'un pas lent peut-être, mais assuré — à la solution des problèmes les plus difficiles et les plus obscurs. Nous n'exceptons pas celui de l'origine de l'homme.

Nous n'avons pas la prétention de marcher le premier dans la voie que nous signalons ici, mais nous voulions exprimer le regret de ne pas la voir peut-être assez ouvertement suivie par tous ceux qui sont dignes d'y entrer.

Pour nous, ce que nous avons cherché dans cet essai, c'est premièrement à nous tenir à l'écart de toute donnée extrascientifique, de toute science de sentiment. Nous avons voulu traiter quelques questions anthropologiques comme on eût fait à Athènes, à Rome ou à Alexandrie, tâche au-dessus de nos forces sans doute, mais que nous tenons à honneur d'affronter.

Nous éviterons donc soigneusement d'entrer dans toute controverse touchant les dogmes de telle ou telle religion ; nous ne contesterons pas l'autorité des Écritures, quelles qu'elles soient, hébraïques, chrétiennes, arabes ou bouddhiques ; nous l'avons écartée, et voilà tout (1).

Descartes a observé avec raison (2) que toute question scientifique devait être examinée, même les plus superstitieuses et les plus fausses, « afin de con-« naître leur juste valeur et de se garder d'en être « trompé. » On sera libre de considérer cet essai comme une tentative de ce genre.

Nous serons approuvé ou blâmé : nous l'avons été déjà. Nous avons, pour nous soutenir, cette conscience profonde de n'avoir d'autre objet devant les yeux que la recherche de la vérité ; la vérité, but commun vers lequel doit tendre l'effort de tout homme qui croit au progrès. « Où règne la vérité, a dit M. Chevreul (3), il n'est plus de disputes ni de discussions possibles. » Le règne de la vérité, c'est le règne de la concorde parmi les hommes. C'est l'âge d'or.

(1) J. P. Proudhon a dit, dans une autre ordre de faits, dépendant de la science sociale : « La révolution n'est point athée : elle ne nie pas l'absolu, elle l'élimine. » *De la justice*, t. II, p. 301. — Voy. pour plus ample développement de nos idées sur ce sujet, le journal *le Progrès* du 20 mai 1859, *Science et Religion*.

(2) *Discours sur la méthode*.

(3) *Lettres à M. Villemain sur la méthode*. Paris, 1856, p. 3.

CHAPITRE PREMIER

LE RÈGNE HUMAIN.

Au-dessus de la matière inorganique, des végétaux et des animaux, se place l'homme.

Ici pas de doute, l'homme est bien le premier des organismes quand on essaye de disposer en série linéaire tous ceux qui s'agitent sur notre planète. Aussi n'est-ce pas sa place relative dans le monde vivant qu'il est difficile de trouver : c'est ce qu'on peut appeler sa *place vraie*. Quelle est, en d'autres termes, la valeur des différences qui séparent l'homme des autres mammifères, et à quelle distance est-il de l'animal qui le suivrait immédiatement dans cette série linéaire que nous supposons ?

Examiner ce qu'est l'homme aux mammifères les plus élevés, et d'une manière plus générale, aux animaux, telle est donc la question primordiale qui se présente en anthropologie. Il semble au premier abord qu'il suffisait, pour la trancher, d'un regard jeté sur ce corps tout entier formé des mêmes éléments anatomiques, absolument soumis aux mêmes exigences de développement, de nutrition et de reproduction que les animaux. Tout cela ne devait-il pas un peu faire pressentir que nous n'étions pas tout à fait d'une essence aussi immatérielle que les philosophes se sont assez généralement donné la satisfaction de le croire?

Il n'en a pas été ainsi.

Deux systèmes, deux théories sont en présence. L'une prétend que l'homme n'est que le premier des animaux, qu'il est *semblable* à eux, dans le sens net et précis que ce terme a en géométrie, désignant des quantités qui peuvent différer à l'infini, mais toutes comparables.

Un autre système, étayé des noms les plus illustres, fait de l'homme une sorte d'entité spéciale, différente des autres êtres organisés par la nature distincte et bien tranchée de son intelligence. C'est l'opinion adoptée et défendue en dernier lieu par un savant à la mémoire duquel nous ne pouvons, en passant, nous empêcher de rendre hommage, Isidore Geoffroy Saint-Hilaire. On trouve dans le deuxième volume de son *Histoire naturelle générale* comme un retour aux idées cartésiennes. Selon lui, les animaux ne pensent pas, ils possèdent la sensibilité seule que n'ont pas les plantes (1). Et le célèbre naturaliste conclut à l'adoption d'un règne humain apparaissant comme le couronnement des règnes organique et inorganique (2), et aussi distinct du second que celui-ci l'est du troisième.

(1) Voir ces idées catégoriquement exprimées, t. II, p. 281.

(2) M. de Quatrefages admet un *règne sidéral* : une thèse semblable nous paraît bien difficile à soutenir après les expériences de MM. Bunsen et Kirchhoff sur la composition chimique des astres. — M. de Quatrefages admet aussi un *règne humain;* mais reconnaissant que les animaux pensent, il fait de la *moralité* et de

Qu'on nous permette, avant de nous engager plus loin, une seule remarque préliminaire. On peut la formuler ainsi :

Proposition. — *L'homme se rapproche infiniment des singes anthropomorphes par son organisation physique.*

Que l'on soit ou non partisan du règne humain, cette ressemblance est un fait qu'il ne viendra à l'idée de personne de contester. Et elle n'est pas seulement dans les formes extérieures : nous la retrouvons plus grande encore si, allant au fond des choses, nous nous attachons aux parties composantes essentielles du corps, aux éléments anatomiques, à ces parcelles délicates, visibles seulement au microscope, et qui offrent toujours, chez les animaux d'un même groupe, une merveilleuse uniformité.

C'est là que se présente, pour les défenseurs du règne humain, sinon une impossibilité, au moins une sorte de contradiction. Car voilà deux organismes à peine différents, au service de deux puissances directrices, de deux intelligences absolument et radicalement dissemblables. — Sans doute tous les ressorts de la matière organisée ne nous sont pas connus, mais cette ressemblance, même superficielle, ne surprend-elle pas; et ne semble-t-il pas que tout organisme constitué directement en raison des influences qu'il est apte à recevoir ou à trans-

la *religiosité*, les caractères de ce règne (*Unité de l'espèce humaine*, 1861, p. 30). Nous aurons l'occasion de revenir sur ces deux points. Cf. Bert, *Bullet. de la Soc. d'anthropologie*, 7 août 1862).

mettre, doive varier comme ces influences et dans la même proportion?

Est-il bien facile d'admettre qu'il y ait plus de distance de l'intelligence de l'homme à celle des singes anthropomorphes que de l'intelligence de ceux-ci à celle de l'écureuil à cerveau lisse, et qu'en même temps la distance immense ne soit marquée dans le premier cas que par des variations peu profondes de l'organe des manifestations intellectuelles, pendant que dans le second cas cette distance bien moindre est traduite par des variations énormes?

Admettre avec Bossuet (1), que cette intelligence supérieure, apanage de l'homme, n'est pas attachée aux organes, réservés aux manifestations de cette intelligence inférieure commune à l'homme et aux animaux, c'est revenir à Descartes, et c'est retomber dans de nouvelles difficultés. Cette intelligence supérieure ainsi détachée du monde matériel sera donc inaccessible aux violences physiques? Pendant que le doigt du physiologiste ou du chirurgien pressant le cerveau, anéantira momentanément chez l'animal la faculté de penser, l'intelligence humaine affranchie de cette servitude resterait, en pareil cas, sereine dans une sphère supérieure? Non, par la compression du cerveau, l'homme perd connaissance comme l'animal. — Il est des substances qui portées au contact des éléments anatomi-

(1) Cf. Is. Geoffroy Saint-Hilaire, *Histoire naturelle générale des règnes organiques*, t. II, p. 252.

ques des centres nerveux excitent (1), troublent (2), ou dépriment (3) l'intelligence des animaux et ne laissent rien intact de l'intelligence humaine.

Revenons à ces deux systèmes : à savoir que l'homme est *semblable* aux animaux par l'intelligence aussi bien que par le corps, ou qu'il en diffère absolument. Nous voici donc en face de deux opinions nettement distinctes et nettement formulées. Embrasser l'une ou l'autre *à priori*, pour des raisons de convenance ou de sentiment , serait un procédé essentiellement vicieux et contraire à toute méthode, celle-ci dans les sciences naturelles récusant tout autre appui à l'origine que des faits. Cependant, sans rien préjuger encore de la solution, examinons simplement les résultats auxquels elle pourra mener selon sa nature.

Que l'homme soit par lui-même une entité spéciale, un règne, un monde à part, une sorte de *microcosme*, un tout en dehors de la vie universelle, notre orgueil sera peut-être flatté (4) : pour la

(1) Certaines huiles essentielles comme celles du café, du thé, du chanvre.

(2) Les liqueurs alcooliques.

(3) Les narcotiques.

(4) « Si je ne me trompe, dit M. de Quatrefages, il y a dans ce résultat, indépendamment des conséquences scientifiques qui en découlent, quelque chose qui répond à nos plus nobles aspirations. L'homme s'attribue volontiers la domination ; il aime à se proclamer souverain légitime de toutes choses à la surface de ce globe. Et, de fait, aucune créature ne saurait lui disputer un empire qui, chaque jour, s'étend et grandit. Eh bien ! n'est-il pas satisfaisant de voir les *caractères anthropologiques* sanctionner, ennoblir cet empire, en plaçant, à côté du *droit* qui ressort

science peu ou point de progrès. L'anthropologie aura ses méthodes spéciales de recherche, peut-être encore à trouver, elle sera par elle-même; mais sans profit pour les autres branches des connaissances humaines, rameau stérile qui ne croîtra pas, tirant tout de lui.

Si non, si l'homme rentre dans la vie commune, s'il n'est qu'une partie du grand tout organique, liée nécessairement aux autres par mille points de contact et de rapports intimes, alors l'anthropologie, fécondée par le principe d'universalité, devient une science profitable ; elle rend à ses sœurs, les autres sciences naturelles, l'appui qu'elle en reçoit ; les voies s'agrandissent ; la science de l'organisation devient plus facile, plus sûre, plus large; la *synthèse*, déployant ses puissantes énergies, nous ouvre les champs de l'inconnu ; l'esprit, franchissant cet obstacle, signalé par Montaigne, « de ne s'entendre point » avec les animaux, étudiera leur intelligence, fouillera la pensée intime des bêtes. Par nous, nous apprendrons à les connaître, comme Galien, inspiré, apprenait l'anatomie humaine en disséquant un singe.

Cherchons donc à nous faire une idée exacte de cette barrière, dite infranchissable, qui sépare l'homme de la brute. Que si l'on compare aux plus élevés des primates vivant sur leurs arbres, ces génies

de la supériorité intellectuelle, la notion de *devoir* qui découle de la moralité et de la religiosité. (Voy. ci-dessus, p. 15, note 2.)» *Unité de l'espèce humaine*, p. 33.

qui sont la gloire de l'humanité, qui ont porté si haut les sciences et les arts; ou seulement le dernier d'entre nous, membres de la grande famille à peau blanche, alors certainement la transition est brutale, il semble qu'un abîme nous sépare de ce fameux *homme des bois*, si célèbre dans les relations de voyages du siècle dernier. — C'est ainsi qu'on a été conduit à établir le *règne humain*, comparant deux extrêmes sans trop tenir compte des termes moyens.

Laissons pour un instant de côté la question d'origine. Une race, une famille douée d'une activité propre y joint, par une tournure de son esprit particulière à elle, la préoccupation de réunir en faisceau le travail de toutes les intelligences individuelles, elle en fait une sorte de pensée commune, et se transmet cet héritage, de génération en génération. On comprend qu'avec le temps, cette famille ou cette race arrivera à un degré de civilisation très-différent de celui qu'elle montrait à l'origine. Le concours de tant d'activités intelligentes la conduira lentement, mais tout naturellement aux idées purement métaphysiques, à l'idée compliquée de Divinité, etc. Mais dans un ordre semblable chacun n'est après tout que le représentant d'un travail intellectuel séculaire, versé dès le berceau — sans qu'on en ait conscience — dans les habitudes, dans le langage. Nous le demandons, est-il juste de comparer l'être ainsi élevé, relevé par son milieu, avec l'animal sans passé plus lointain que sa naissance (1) ? Prenons donc, pour les comparer aux animaux, ces peuples où la vie est en quelque sorte individuelle, où jamais aucun n'ajoute rien à l'héritage transmis ; où cet héritage même a dû venir originellement du dehors, car on ne comprend pas pourquoi, étant arrivés à un degré même infime de civilisation, ces peuples n'ont pas su la perfectionner.

On dirait qu'ils copient simplement. On dirait que ces armes grossières dont fait usage l'habitant de l'Afrique centrale ou de l'Australie, il ne les a connues que par importation; qu'il s'est civilisé à un moment donné au contact de quelque peuple étranger, par imitation : faculté que possèdent, au reste, dans des limites très-bornées, les espèces supérieures de singes; et puis, que le progrès s'est arrêté chez ces peuples rendus à eux-mêmes. Comment expliquer autrement, par exemple, que les Eskimaux septentrionaux, vivant sur la glace au bord des criques et des anses, se fabriquent des vêtements et des armes, et n'aient jamais su construire un engin capable de les porter sur les eaux (2) ?

Que si l'on fragmente une série continue et que l'on compare l'un à l'autre les deux premiers termes de deux de ces fragments de série, en réalité ils paraîtront tout à fait distincts, impossibles parfois à rattacher à un type commun.

(1) Courtet de l'Isle a déjà fait cette remarque, *Tableau ethnographique du genre humain*, 1849, p. 8.

(2) Voy. le *Voyage de l'Isabelle*. — Cf. Desmoulins, *Hist. naturelle des races humaines*, 1826, p. 276.

Mais, que l'on compare le dernier terme d'une de ces séries partielles au premier terme de la suivante, alors les différences se comblent, parce que les transformations n'arrivent plus au point de masquer tellement les parties qu'on en puisse méconnaître l'unité fondamentale : on découvre, par exemple, que dans la série animale, tel crustacé est presqu'un mollusque, tel reptile, tel mammifère presque un oiseau (1). Les différences se sont éteintes, les êtres qu'on eût dits le plus éloignés, se sont rapprochés. On n'aperçoit plus qu'une série continue, si bien même que là où il y a des lacunes, on se croit presque en droit de préjuger l'existence passée (ou à venir?) de quelque animal intermédiaire.

Pour nous, la chaîne des êtres de Bonnet, de Leibnitz, en tant que phénomène ultérieur, résultant de l'observation d'êtres qui n'ont pas été créés nécessairement dans cet ordre, n'est pas vraie seulement du monde physique, elle l'est encore du monde intellectuel. — Voulons-nous connaître ce qu'ont de commun l'homme et le singe, quelle distance les sépare l'un de l'autre, ne nous mettons plus en scène, nous privilégiés. Descendons hardiment les degrés de l'échelle humaine et voyons.

Les exemples ne manquent pas, de races placées si bas, qu'on les a tout naturellement rapprochées des singes. Ces races, beaucoup plus près que nous

(1) Anatifes, chéloniens, ornithodelphes et, en général, les représentants extrêmes des divisions de toute classification naturelle.

du véritable état de nature, méritent par cela même toute l'attention de l'anthropologiste et du linguiste, qui, tous deux, peuvent aller chercher chez elles la solution de problèmes insolubles ailleurs. C'est pour n'avoir pas étudié les caractères psychologiques de ces races, qu'on est tombé dans d'étranges méprises. Que deviendront toutes ces théories superbes sur cette intelligence supérieure de l'homme, toute dégagée du monde matériel, tout indépendante, dont il s'est attribué le mérite ; que deviendra l'unité de l'espèce humaine, si l'on arrive à prouver que certaines races ne sont guère plus intelligentes que certains animaux, et n'ont pas plus qu'eux la notion d'un monde moral et d'une religion ?

L'exemple le plus souvent cité est celui des indigènes de l'Australie. « Ils ont toujours montré une profonde ignorance, disent Lesson et Garnot (1), une sorte d'*abrutissement moral*... Une sorte d'instinct très-développé pour conquérir une nourriture toujours difficile à obtenir , *semble avoir remplacé chez eux plusieurs des facultés morales de l'homme.* »

Si la police anglaise n'y veillait de fort près, ils braveraient chaque jour, dans les villes des colonies, les lois de la décence publique sans plus de souci que des singes dans une ménagerie.

Dans le compte rendu de l'Expédition Américaine de 1838, M. Hale écrit qu'ils ont presque la stupi-

(1) *Mémoire sur les Tasmaniens, sur les Alfours et sur les Australiens*, dans les *Annales des sciences naturelles*, 1827, t. X, p. 155.

dité de la brute, qu'ils ne savent compter que jusqu'à quatre, quelques tribus jusqu'à trois. « La faculté de raisonner, dit-il, paraît chez eux très-imparfaitement développée. Les arguments dont font usage les colons pour les convaincre ou les persuader sont souvent de ceux qu'on emploie avec les enfants ou les gens presque idiots (1). »

MM. Quoy et Gaymard, qu'on n'accusera pas de tendances polygénistes, racontent ainsi leur entrevue avec ces populations misérables : « Notre présence leur causait une *sorte de gaieté*, et ils cherchaient à nous communiquer leurs sensations avec une *loquacité* à laquelle nous ne pouvions répondre, car nous n'entendions pas leur langage. Dès que la rencontre s'opérait, ils venaient à nous les premiers en gesticulant et en parlant beaucoup ; ils poussaient de grands cris, et, si nous leur répondions sur le même ton, leur joie était extrême. Bientôt l'échange de nom avait lieu et ils ne tardaient pas à *demander à manger en se frappant sur le ventre* (2). » Le tableau que ces voyageurs avaient devant eux, est tellement triste et navrant qu'ils ajoutent aussitôt, comme par acquit de conscience : « Cependant ils ne sont point stupides. » Non, sans doute, mais ils ne semblent même pas mériter l'épithète

(1) Hale, *Natives of Australia*, etc... Cf. *American Journal of Science*, 2e série, vol. I, p. 302, mai 1846 ; extrait du compte rendu de l'expédition de C. Wilkes : *Narrative of the U. S. Expl. Exped. during the* Y. 1838-1842, vol. VI. *Ethnography and Philology*.

(2) *Voyage de l'Astrolabe. Zoologie*, t. I, p. 43.

que le monde donne à des êtres infiniment au-dessous, quand on dit : « Malin comme un singe. » Ils *ne sont point stupides*, et voilà tout (1) !

Les Australiens ne sont pas seuls une exception ; Bory de Saint-Vincent nous a tracé un tableau à peu près aussi triste des habitants du sud de l'Afrique, beau et fertile pays.

A l'autre extrémité du monde, sur ce continent de glace qui environne le pôle boréal, nous retrouvons la même abjection.

John Ross, perdu dans les glaces, se trouva en présence d'une peuplade qui n'avait jamais vu un Européen : le navigateur anglais, d'une religion profonde, était dans les meilleures conditions pour envisager avec indulgence les seuls êtres à portée de son affection, et cependant.... Observateur attentif et scrupuleux, sincère avant tout, il dut désespérer de trouver dans ces âmes l'étincelle vivifiante qu'il y cherchait. « L'Eskimau, dit-il, est un animal de proie, sans autre jouissance que de manger ; guidé par aucun principe, aucune raison, il dévore aussi longtemps qu'il peut, et tout ce qu'il peut se procurer, comme le vautour et le tigre (2). » Et plus loin : « L'Eskimau ne mange que pour dormir, et ne

(1) Même après les assertions de M. de Quatrefages dans l'*Unité des races humaines*, p. 162 et suiv., nous n'avons cru devoir rien modifier à ces témoignages sur les Australiens, qu'est venu encore confirmer dernièrement à la Société d'anthropologie, un témoin oculaire répondant à M. de Quatrefages : M. O'Rorke (*Bulletins de la Société d'anthropologie*, 21 juin 1860).

(2) J. Ross, *Narrative of a Second Voyage*, etc. 1835, p. 448.

dort que pour remanger aussitôt qu'il peut (1). »

Nous allons descendre encore, trouver des hommes tels, que ceux qui les ont vus, ont pu dire que dans les branches touffues ou les ombres des forêts, ils auraient été embarrassés pour décider s'ils avaient devant eux des singes ou des hommes.

Et, qu'on y fasse attention — ce n'est pas dans des terres pauvres ou reléguées au bout du monde, que vivent ces déshérités de la forme humaine, c'est sur le continent asiatique même, au sud de la chaîne de l'Himalaya, au centre de l'Hindoustan, dans ces régions qui ont été le berceau de quelques grandes espèces de singes, à l'époque sans doute où les îles de l'archipel indien reliées à l'Asie ne formaient qu'un immense continent, patrie de la race malaise (2).

En 1824, un colon anglais, M. Piddington, établi au centre de l'Hindoustan (vers Palmow, Subhulpore et le bassin supérieur de la Nerbudda), raconte lui-même (3) qu'il vit arriver avec une bande d'ouvriers Dhangours qui venait chaque année travailler à la plantation, un homme et une femme d'étrange aspect et que les Dhangours désignaient sous le nom de *peuple-singe*.

Ils avaient un langage à part. Autant qu'on en put apprendre par signes, ils vivaient bien au delà

(1) J. Ross, *Narrative of a Second Voyage*, etc. 1835, p. 490.

(2) Voy. Étienne Geoffroy Saint-Hilaire, *Comptes rendus*, t. V, p. 42.

(3) *Memorandum on an unknown Forest Race*, etc. (*Journ. of the Asiat. Soc. of Bengal*, 1855, vol. XXIV, p. 207).

des Dhangours dans les forêts et les montagnes et n'avaient que peu de villages. Il paraîtrait que l'homme s'était sauvé avec la femme à la suite de quelque accident, peut-être d'un meurtre volontaire. Ce qui est certain, c'est que les Dhangours les avaient recueillis perdus dans les bois, épuisés et morts de faim. Ils disparurent une nuit, au moment où M. Piddington voulait les envoyer à Calcutta.

Il résulterait d'autres indications qu'un M. Trail, plusieurs années *commissionner* à Kumaon, aurait aussi vu de ces êtres extraordinaires et serait même parvenu à s'en procurer un dont l'apparence justifiait pleinement le nom traditionnel que lui donnaient les indigènes.

Enfin, d'autres témoignages, même historiques, viennent encore se joindre à ceux-ci pour attester sur différents points de la péninsule indienne l'existence d'une race aussi inférieure.

M. Piddington décrit ainsi l'homme : « Il était petit, il avait le nez plat, il avait des rides semblant limiter des abajoues, en demi-cercle, autour des coins de la bouche et sur les joues ; ses bras étaient disproportionnellement longs et l'on pouvait voir un peu de poil roussâtre sur sa peau d'un noir terne. En un mot, blotti dans un coin obscur ou sur un arbre, on eût pu se tromper et le prendre pour un grand orang-outang (1). »

Il faut bien remarquer que M. Piddington avait

(1) « He was short, flat-nosed, had pouch-like wrinkles in semicircles round the corners of the mouth and cheeks ; his

beaucoup voyagé, que donc il avait dû acquérir, même à son insu, une sorte d'expérience anthropologique. Lui-même prend soin de nous dire qu'il avait vu tour à tour des Boshimans, des Hottentots, des Papous, des Alfours, les indigènes de la Nouvelle-Hollande, de la Nouvelle-Zélande et des Sandwich, ce qui donne une autorité puissante aux faits qu'il rapporte (1).

Quoi ! a-t-on envie de s'écrier, ce sont encore là des hommes ! quel chemin parcouru, combien loin nous voilà de cette famille arienne, maîtresse dans les arts et dans les sciences ; combien nous approchons de la bestialité, si nous n'y touchons déjà ! Nous avons descendu, remontons maintenant des autres mammifères à l'homme et sur le plus haut degré que nous pourrons atteindre, essayons de mesurer la distance au point que nous venons de quitter.

Bien entendu, nous ne considérerons ici que les

arms were disproportionately long, and there was a portion of reddish hair to be seen on the rusty black skin. Altogether, if crouched in a dark corner or on a tree, he might have been mistaken for a large Orang-Utan. »

(1) M. Ehrenberg, parlant un jour du centre inconnu de l'Afrique, nous disait qu'il ne serait pas impossible qu'on trouvât là des hommes si différents de nous qu'il faudrait bien en faire, bon gré mal gré, un groupe spécial. Je cite ces paroles nullement pour présumer l'existence d'un fait de cet ordre, mais pour montrer que le doyen des naturalistes de l'Europe, le vieil ami de Humboldt, croit à autre chose qu'à l'unité de l'espèce humaine, puisqu'il admet une pluralité générique possible.

mammifères supérieurs, la question se compliquant sur toutes ses faces en même temps que l'organisme devient plus différent du nôtre.

Pour celui-ci les faits ont parlé depuis longtemps, et le savant dont le témoignage peut avoir en cette matière le plus de valeur, M. R. Owen n'a pas craint de dire que la distinction entre l'homme et certains primates est l'écueil, la pierre de touche des anatomistes (1).

Passons à l'intelligence.

Les animaux sentent, connaissent, pensent (M. Flourens et M. de Quatrefages), ils rêvent, ils sont accessibles à la défiance, à la peur, à la joie (2), à la tristesse, à la jalousie, etc. Le tableau complet des passions humaines (3). Tout ceci est amplement prouvé par mille exemples : qui ne sait ces histoires de phoques, d'éléphants, de chiens, devenues célèbres, et que les hommes qui vivent un peu avec les animaux,

(1) R. Owen, *On the Characters of the Class Mammalia*, 1857, p. 20, note. — L'illustre savant a lui-même traité cette question *ex professo* dans le catalogue de la collection du Collége des chirurgiens.

(2) « ..... is the orang-outang capable of a kind of laugh when pleasantly excited. » J. Grant, *Account of the Structure of an Orang-Outang*. (*Edinb. Journ. of Science*, vol. IX, 1828).

(3) L'amour artificiel lui-même, avec toute la complexité d'idées qu'il suppose pour être mis en jeu, n'est pas, comme on pourrait le croire, une débauche de la civilisation, il appartient aux animaux voisins de l'homme aussi bien qu'à lui-même. Cf. Ch. Robin et Béraud, *Précis de la physiologie de l'homme*, t. II, p. 384. — Il en est de même des accouplements impurs, radicalement inexplicables par l'instinct. Voy. Isid. Geoffroy Saint-Hilaire, *Histoire nat. gén. des règnes organiques*, t. III, 1860, p. 142.

ou qui les observent, voient se répéter tous les jours? — Qu'on lise seulement l'admirable tableau tracé par Buffon de l'intelligence du chien ; encore, l'histoire détaillée et précieuse à plus d'un titre que F. Cuvier nous a léguée de l'orang-outang du Muséum, sans oublier que cette observation ne pouvait être ni complète, ni parfaite, en raison des circonstances dans lesquelles se trouvait l'animal, loin de sa patrie et sous un ciel ingrat.

De son côté, le docteur Yvan, attaché à l'expédition que le gouvernement français organisa pour la Chine en 1843 (1), nous a fait connaître l'histoire d'un orang-outang de Bornéo, qui est le plus beau plaidoyer en faveur du rapprochement des primates et de l'homme.

Tuân, c'est le nom de l'animal, s'habillait aussitôt qu'il avait quelque lambeau d'étoffe à sa portée (2). Un jour que son maître lui avait enlevé une mangle, « il poussa des cris plaintifs comme un enfant qui fait la moue. Cette mutinerie n'ayant pas eu le succès qu'il en attendait, il se jeta à plat ventre sur le sol, frappa la terre du poing, cria, pleura, hurla pendant plus d'une demi-heure. » Quand

(1) Le docteur M. Yvan montait l'*Archimède;* il a écrit la relation de son voyage : *Voyages et récits*, Bruxelles, 1853, 2 vol. in-12.

(2) « Les Australiens n'ont senti la nécessité de recevoir des vêtements de laine que pour se garantir la poitrine... aucune idée de pudeur ne les a jamais portés à voiler les parties naturelles... » Lesson et Garnot, *Annales des sciences naturelles*, 1827, t. X.

on lui eut rendu la mangle, il la jeta à la tête de son maître (1). — Chose curieuse, l'ami de prédilection de Tuân était un négrito de Manille. A Manille il se fit aux mœurs tagales et jouait avec les enfants. « Un jour que Tuân se roulait sur une natte avec une fille de quatre à cinq ans, il s'arrêta tout à coup et se livra sur l'enfant à un examen anatomique des plus minutieux. Les résultats de ses investigations l'étonnèrent profondément ; il se retira à l'écart et répéta sur lui-même les recherches qu'il avait faites sur sa petite camarade. »

On se rappelle les pages éloquentes où Buffon, admettant la légende adamique, raconte les impressions de nos premiers parents. La nature n'a-t-elle pas été ici, nous le demandons, meilleur historien que le naturaliste avec tout son génie ?

Au-dessus de tous ces faits, comme leur couronnement, nous trouvons à invoquer le témoignage de l'homme qui a porté le plus loin en France l'esprit de philosophie dans les sciences naturelles, Étienne Geoffroy Saint-Hilaire. Observateur profond et réservé, il se mêla à la foule qu'attirait en 1836 l'orang du Muséum. Défiant de ses propres jugements, il recueillit ceux qui se produisaient autour de lui, ceux

(1) L'orang observé par J. Grant donnait aussi de ces marques de désespoir : « He poured it (a saucer) angrily out on the floor, whined in a peculiar manner, and threw himself passionately on his back on the ground, striking his breast and paunch with his palms, and giving a kind of reiterated *croak*. » *Account of the Structure of an Orang-Outang* (*Edinb. Journ. of Science*, vol. IX, p. 11).

de tous ces visiteurs, « qui venaient, comme il dit, observer sans préjugés, sans idées préconçues, et sans s'être laissé prévenir par ces déplorables entraves qu'on appelle nos règles de classification (1). »

Le résultat surprit Étienne Geoffroy lui-même. Ces visiteurs si divers se rencontrèrent unanimement dans cette pensée : « que l'animal de Sumatra n'était ni un homme ni un singe. *Ni l'un ni l'autre*, c'est ce qu'affirmait l'esprit de tous. »

Il faudrait citer tout entières ces pages admirables du naturaliste philosophe, où l'élévation du style le dispute à la grandeur des pensées. « Je n'ai point employé mon amour-propre, dit-il, à opposer aux visiteurs de l'orang-outang des décisions autres que les leurs... Je n'ai point refoulé ce torrent d'enseignement que je tenais à bonheur de recevoir de l'esprit de tous... J'ai foi en la solidité des jugements populaires, les masses jouissant d'un sens instinctif qui les rend perspicaces et les crée très-habiles à saisir le point synthétique des questions. »

Cette méthode était excellente, elle fait la force d'Étienne Geoffroy Saint-Hilaire. Il est curieux de lui comparer un autre écrivain qui du fond de son cabinet invoquait, sur les mêmes questions, ce que l'on a appelé le *consentement universel*. C'est Maupertuis. Parlant des caractères qui différencient l'homme des animaux, il dit : « Le simple bon sens saisit ces

(1) *Comptes rendus de l'Académie des sciences*, vol. II, p. 582.

différences; de tout temps on les a senties, et c'est là une de ces persuasions dont *l'universalité et l'uniformité dans tous les hommes*, caractérisent la vérité (1). »

Maupertuis ignorait assurément que le mot orang-outang, qui veut dire *homme-sauvage*, n'est pas une métaphore pour les habitants de l'Archipel indien, et que dans le pays où vit le nasique, la croyance populaire est que, plus sage, il ne parle pas pour garder sa liberté. Rien n'est plus faux que ces prétendues vérités appuyées sur le *consentement universel*. D'abord on l'a invoqué comme preuve à une époque où l'on ne connaissait que le dixième à peine de la terre habitée (2); mais passons. A notre époque on sait un peu mieux à quoi s'en tenir sur ce genre de preuve que la science a dû abandonner aux théologiens. L'expérience est venue prouver chaque jour davantage le cas qu'il fallait faire de cette prétendue universalité chez tous les hommes, de certaines pensées, de certains sentiments, de certaines aspirations (3).

(1) *Essai philosophique sur l'âme des bêtes*, 1728, p. 132.

(2) Platon, *Leges*, X, 1. Cf. Maury, *Religions*, t. III, p. 4, note 2.

(3) Après avoir dit que la notion du bien et du mal (*moralité*) existe chez tous les hommes, M. de Quatrefages ajoute que « la notion de la Divinité et celle d'une autre vie (*religiosité*), « sont tout aussi généralement répandues. » (*Unité de l'espèce humaine*, p. 23.) — Nous espérons démontrer plus loin (chap. v), combien cette assertion est peu exacte, et partant combien sont fragiles les bases sur lesquelles M. de Quatrefages assoit les caractères *fondamentaux* qui distinguent d'après lui le règne humain. (Voy. ci-dessus, p. 15, note 2, et p. 18, note 4.)

Nous verrons plus loin que la communauté de quelques-unes de ces manifestations intellectuelles, que l'on a voulu regarder comme générales, est souvent restreinte à une seule race d'hommes, et limitée dans l'espace par les bornes mêmes du continent occupé par cette race. — Voici donc l'Anthropologie qui vient à son tour, par tous ces points, en aide même à la philosophie. Par exemple ne sent-on pas dès à présent que les mots *beau*, *juste*, ne pourront rien désigner d'absolu, puisque ce qui est juste et beau sur un hémisphère, pour une intelligence donnée, ne l'est plus sur l'hémisphère opposé, *ne peut pas l'être* dans l'esprit autrement fait d'une autre race ? A ces deux mots il faut, de par l'Anthropologie, restituer une valeur exclusivement relative (1). Le *Vrai* seul est absolu, immuable dans l'espace et dans le temps. Lui seul règne universellement ; et qu'on ne l'oublie pas, il est dans la science, il n'est que là.

(1) M. Chevreul a déjà défini le Beau, « l'expression des causes dont l'influence a le plus de force pour émouvoir les hommes en parlant à leurs sens » (*Lettres à M. Villemain sur la méthode*, 1856, p. 169).

CHAPITRE II

PSYCHOLOGIE COMPARÉE.

On mit un jour, en présence de l'orang qu'observait J. Grant, deux singes qu'il attira par leur chaîne près de lui, tout en les menaçant d'un bâton qu'il avait. « Pendant toute l'entrevue, » ajoute le narrateur, « la grave attitude de commandement et le grand air de l'orang, comparés à la légèreté et au sentiment apparent d'infériorité des singes, étaient tout à fait saisissants ; et il était impossible de ne pas sentir que l'orang était une créature d'un ordre et d'une intelligence beaucoup plus élevés (1). »

« L'animal de Sumatra n'est ni un homme ni un singe, » avait dit la foule devant l'orang du Muséum. Les communications qui furent faites alors à l'Institut par Étienne Geoffroy St-Hilaire, seront peut-être un jour une gloire nouvelle pour lui, précurseur d'une science qui n'est pas encore, l'étude de l'intelligence des animaux basée sur l'observation et sur l'expérience ; comme dans ce passage où il pro-

(1) « Indeed, during the whole interview, the grave commanding attitude and bearing of the orang, compared to the levity and apparent sense of inferiority of the monkeys, was very striking, and it was impossible not to feel that he was a creature of a much more elevated order and capacity. » (*The Edinb. Journal of Science*, 1828, vol. IX, p. 10.)

pose de soumettre l'orang à une éducation méthodique pour étudier les modifications qu'apporterait un tel changement de milieu (1). Celui qui a découvert l'unité organique, nous aura mis sur la voie d'une découverte non moins importante, celle de l'unité psychologique (2).

Science nouvelle qui ne daterait à notre époque que de la réaction contre les idées cartésiennes, science encore sans nom, effleurée par de grands esprits qui ont eu le privilége de tout deviner, mais jamais étudiée, scrutée à fond, jamais soumise à tous nos procédés de connaissance (3). On la nommerait *Psychologie comparée*.

Alors on rentrerait dans la grande Unité. L'intelligence des vertébrés serait une, comme leur organisme est un, descendant ainsi graduellement, en passant par l'orang, de l'homme à tous les mammifères.

(1) *Comptes rendus de l'Académie des sciences*, t. III, p. 29.

(2) On pourrait encore rapprocher des citations que nous avons faites plus haut, cet autre passage du naturaliste philosophe : « Les personnes du sexe sont très-curieuses de ce spectacle (l'attachement d'une mère singe pour son petit), et s'y montrent sans doute autant attentives parce qu'elles y découvrent avec leurs instincts de mère une manifestation vraie des sentiments profonds qu'elles ont elles-mêmes éprouvés ; elles sont surtout étonnées de démêler dans ces ardentes préoccupations des singes devenues mères, ces joies et cet orgueil de maternité dont elles croyaient leurs seules émotions susceptibles. » (E. Geoffroy Saint-Hilaire, *Cours d'histoire naturelle des mammifères*, t. I. Paris, 1829, VIe leçon, p. 16.)

(3) Proudhon a déjà posé en principe l'établissement d'une psychologie des animaux. *De la justice*, t. II, p. 279. — Frédéric Cuvier également.

Veut-on prétendre que ces propositions ne sont pas encore démontrées : au moins nous accordera-t-on, en voyant ce qui s'est passé depuis quelques années, que le dernier mot n'est pas dit de l'intelligence des animaux. — Cette question aurait-elle donc fait tant de progrès et de si rapides, au profit des animaux ou au détriment de l'homme, comme on voudra, pour s'arrêter en si bon chemin?

Saint Chrysostome adressait, dit-on, aux philosophes gentils le reproche d'avoir toujours été enclins à assimiler ce que l'on appelait l'âme des bêtes à celle de l'homme (1). — L'opinion de ces gentils vaut pourtant bien la peine qu'on s'y arrête. Ils ont pu observer aussi bien que nous. Depuis eux, les moyens d'étude appliqués à l'intelligence n'ont pas fait de progrès, ou peu; ils sont encore les mêmes, l'observation et la réflexion ; nous n'avons inventé aucun procédé, nous n'avons trouvé aucune méthode nouvelle pour scruter plus à fond ce sujet : nous n'avons donc aucune raison de penser que les solutions données par nous sur lui soient préférables à celles des anciens. Ce serait plutôt le contraire. Car leur opinion a encore pour elle d'être née libre dans des esprits que ne contraignait, même à leur insu, aucune influence étrangère de dogme (2).

(1) Hom. IV, *in Acta apostolorum*. Cf. Rechtenbach, *De sermone brutorum*. Erfurt, 1706, p. 1.

(2) Quelquefois cette contrainte est hautement avouée, et nous voyons M. Maire, qui s'est aussi occupé des mêmes questions,

L'idée de gradation intellectuelle de l'homme aux animaux devait être nécessairement choquante pour le christianisme qui promettait une autre vie; elle ne l'était pas pour ces gentils beaucoup plus occupés de ce monde.

Les principes que nous cherchons à faire revivre, ne sont cependant pas tout à fait ceux d'Aristote. Dans son *Traité de l'âme*, il admet bien la gradation, mais comme présentant à chaque degré une manifestation nouvelle en plus des manifestations existant dans les degrés inférieurs. Le principe de l'*âme* est un, mais à mesure qu'on remonte la série, de la plante à l'homme, elle se revêt d'un plus grand nombre de facultés. — Porphyre, reprenant les idées du Stagirite, semble aller plus loin, et s'approcher plus près de la vérité : ce n'est plus des facultés ajoutées les unes aux autres qu'il reconnaît à l'homme et aux animaux, mais à tous les mêmes, seulement plus ou moins développées (1).

reconnaître que sans ces influences, il embrasserait les idées mêmes que nous essayons de faire prévaloir. « Avouons-le avec franchise, dit-il, si nous n'avions sans cesse présents à l'esprit les dogmes d'une religion que nous respectons, si nous n'avions cette foi sincère, cette croyance intuitive qui nous dit que nous devons nous tromper, nous oserions écrire alors : Plus l'organisation de l'animal est perfectionnée, plus l'élément spirituel produit par le jeu des fonctions est perfectionné lui-même... Il n'y aurait plus alors que gradation hiérarchique d'un seul et même principe... Le fluide psychique serait toujours le même chez tous les individus... La différence des manifestations tiendrait tout entière à la différence des organisations qui les produiraient. » (*Société havraise d'études diverses*, p. 169, 1855-1856.)

(1) « Jam vero nobis ostendendum est eam (bestia) habere ratio-

Aujourd'hui, si l'on n'en est pas encore revenu aux idées de Pythagore et des stoïciens, du moins combien loin nous sommes de Pereira et de Descartes, avec ses animaux-machines; *machines hydraulico-pneumatiques* comme les nomme un des partisans du philosophe breton (J. H. Crocius) (1).

On est vraiment émerveillé de l'engouement qui s'empara de l'Allemagne pour les idées de Descartes dans la seconde moitié du dix-septième siècle. On les poussa à l'extrême, on refusa aux bêtes âme, raison, intelligence. Un nommé J. Stahl (2), qui eut au moins le mérite d'être conséquent jusqu'au bout, pose en principe que les bêtes ne sentent pas, *bruta non sentire*. C'est la conclusion d'un très-savant syllogisme qu'il rapporte, et qu'un nommé Gaspard Laugenhert avait ajouté au *Compendium physicæ* d'Arnold Geulinx.

nem internam et intus conceptam. Videtur sane a nostra differre, non essentia sed gradu. Uti nonnulli existimant Deorum a nostra discrepare rationem, non differentia essentiali, sed quod illorum magis, nostra minus sit accurata. Et quidem quod ad sensum attinet et reliquam, tum instrumentorum sensus, tum carnis universæ, conformationem attinet, eam eodem nobiscum modo se habere in animalibus, ab omnibus fere conceditur. » (Porphyre, trad. par L. Holsteinius, *De abstinentia*, 1655, p. 108. — N'est-ce pas l'unité de composition devinée et pour l'intelligence et pour le corps ?

(1) *Disquisitio de anima brutorum*. Bremæ, 1676.

(2) *Logicæ brutorum*. Hamburg, 1697. — Ce petit traité, malgré les idées extrêmes de l'auteur, n'en est pas moins précieux; J. Stahl était un de ces puits d'érudition comme l'Allemagne sait en produire. Il n'est peut-être pas un seul passage des auteurs anciens sur les questions qu'il traite, dont on ne trouve l'indication dans son œuvre.

C'est à peine si quelques esprits forts osent élever la voix dans ce concert cartésien, ayant bien soin de s'appuyer sur maintes citations tirées de l'Ancien et du Nouveau Testament (1).

C'étaient des preuves alors, et c'était parfois prudence.

La part des animaux s'est successivement agrandie par Buffon, par tous. Aujourd'hui M. Flourens leur refuse la seule *réflexion*, « cette faculté suprême qu'a l'esprit de l'homme de se replier sur lui-même et d'étudier l'esprit (2). — Il y a là, » dit le physiologiste dont nous parlons, « une ligne de démarcation profonde : cette pensée qui se considère elle-même, cette intelligence qui se voit et qui s'étudie, cette connaissance qui se connaît, forme évidemment un ordre de phénomènes déterminés, d'une nature tranchée et auxquels nul animal ne saurait atteindre. C'est là, si l'on peut dire, le monde purement intellectuel, et ce monde n'appartient qu'à l'homme. En un mot, les animaux sentent, connaissent, pensent ; mais l'homme est le seul de tous les êtres créés à qui ce pouvoir

(1) Voyez entre autres : S. Gros, *De anima brutorum*, Wittemberg, 1680. — Klemmius, *De anima brutorum*, Vittembergiæ, 1704.

(2) Sur ce point, M. de Quatrefages est d'accord avec M. Flourens, mais la distinction qu'il cherche à établir, basée sur la *moralité* et la *religiosité*, nous semble à la fois beaucoup plus restrictive et beaucoup moins nette. Ne pouvant répondre à tous, nous avons dû nous occuper seulement des opinions de celui des partisans du règne humain, qui fait aux animaux la part la plus large.

ait été donné, de sentir qu'il sent, de connaître qu'il connaît, et de penser qu'il pense (1). »

Telle serait la seule différence! La question est ainsi ramenée sur un champ beaucoup mieux délimité qu'elle ne l'avait jamais été, et infiniment moins vaste. Ce qui manquerait aux animaux, c'est une sorte de conscience savante; non pas la connaissance du moi (ils le connaissent, puisqu'ils sentent), mais la *science du moi*, que peut donner l'étude réfléchie, raisonnée, des phénomènes intérieurs qui se passent en nous.

Nous voulons bien que ce soit une distinction, mais seulement secondaire et propre tout au plus à différencier certaines races d'hommes les unes des autres. En effet, que de cette faculté, de cette puissance d'investigation sur un monde tout intérieur, on fasse un caractère fondamental et absolu de l'humanité, nous devrons le retrouver forcément chez tous les hommes. Plus que tout autre, il résistera à toute influence, il sera permanent : puisque, lui détruit, l'homme ne serait plus homme, et retomberait par le fait, au rang d'où on prétend le faire sortir.

Voyons-nous qu'il en soit ainsi? Est-ce que cette connaissance réfléchie du moi existe chez les races inférieures, si elle n'existe pas chez les animaux?

(1) Dans un langage plus concis et beaucoup moins affirmatif J. Proudhon a dit : « Dans l'homme l'esprit se sait, tandis qu'ail- « leurs il nous semble qu'il ne se sait pas. » *Système des contradictions économiques*, t. I, 1850, p. 20.

Certes nous ne soutiendrons jamais que ceux-ci jouissent d'une telle faculté, source des législations : c'est elle qui nous a faits ce que nous sommes. Mais nous demandons s'il est bien prouvé que toutes les races humaines la possèdent. Qu'on n'accorde pas à l'orang les *idées innées* comme faisait F. Cuvier (1), soit; mais qu'on se souvienne que certains philosophes les ont refusées à l'homme.

Que l'animal n'ait pas la notion abstraite du droit ou du devoir, qu'il n'ait pas d'idée de divinité (2), nous y adhérons, mais qu'on se rappelle que certains peuples n'ont pas même un mot approchant, pour exprimer toutes ces choses ; et c'est M. de Quatrefages qui l'avoue lui-même (3).

A ces peuples nous retournons les lignes suivantes écrites des animaux, et nous croyons qu'on ne saurait guère en discuter à certaines races africaines et surtout océaniennes, la juste application : « Les idées, les pensées abstraites sortent de leur domaine ; le passé, celui qui a précédé leur naissance, l'avenir, celui qui suivra leur dissolution, ne les préoccupent pas, le présent est tout pour eux; ils ne se demandent point : D'où viens-je? que suis-je? où vais-je? et ils n'ont aucune idée de la Divinité (4). »

(1) *Annales du Muséum d'histoire naturelle*, t. XVI, p. 58.

(2) Maire, *Société havraise d'études diverses*, 1855-1856.

(3) *Unité de l'espèce humaine*, 1861, p. 24.

(4) Maire, *Société havraise d'études diverses*, 1855-1856. — On peut faire le même rapprochement avec un passage à peu près

Bayle, Maupertuis (1), M. Flourens, ont tour à tour signalé combien il est difficile de préciser une limite, de dire où s'arrête l'intelligence des animaux, où commence celle de l'homme. A nous cette limite échappe, en tant que séparant deux termes spécifiquement distincts; nous ne voyons, des autres vertébrés à l'homme, qu'une ligne continue sans démarcation tranchée. — Pas plus que l'organisme d'un mammifère quelconque n'est séparé par une limite infranchissable de l'organisme d'un autre. — C'est une chaîne dont les anneaux, si l'on veut, vont grandissant d'une extrémité à l'autre, suivant une progression donnée, mais sans cesser d'être *semblables* (voy. p. 15), et par conséquent comparables entre eux. Un certain nombre de chaînons peuvent manquer, mais l'esprit les rétablit, et la continuité, pour devenir une abstraction, n'en est pas moins réelle. C'est encore, si l'on veut, comme le tracé d'une courbe hyperbolique interrompu çà et là, dont il ne reste que des arcs, tous différents, et tous cependant, réductibles par l'esprit en un seul système.

L'unité de composition est la condition de toute harmonie, la règle nécessaire de la Nature. Partout, pour notre part, nous ne voyons que les mêmes facultés, étendues chez les vertébrés supérieurs; ayant même acquis chez l'homme la propriété singulière

semblable de Maupertuis, *Essai philosophique sur l'âme des bêtes*, 1728, p. 134.

(1) *Essai philosophique sur l'âme des bêtes*, 1728, p. 95.

de s'agrandir presque à l'infini; confinées chez d'autres vertébrés, renfermées en un cercle étroit, où elles peuvent même échapper à nos moyens de connaissance.

Mais partout de même nature, partout semblables. La vie est une, ne la partageons pas, et la vie du corps et la vie de l'intelligence, et la matière et l'esprit, et l'organisme et les facultés (1). Termes corrélatifs l'un de l'autre, jamais indépendants.

Entre l'intelligence des bêtes et l'intelligence de l'Européen civilisé, il y a un espace immense, nous le reconnaissons volontiers, mais comblé par des termes moyens, des transitions nombreuses : que celles-ci existent, ou qu'elles aient achevé leur temps sur notre planète.

Reste la question du langage, si complexe, encore pleine d'obscurité.

«Quelque ressemblance qu'il y ait entre le Hottentot et le singe, avait dit Buffon, l'intervalle qui les sépare est immense, puisque à l'intérieur il est rempli par la pensée et au dehors par la parole (2).» — Nous savons à quoi nous en tenir sur la première de ces appréciations. — Quant à la seconde, voyons si nous n'apercevrons pas là encore une sorte de gradation qui nous mènerait insensiblement de nos langues si compliquées, à d'autres

(1) Voy. E. Geoffroy Saint-Hilaire, *Comptes rendus des séances de l'Académie des sciences*, t. IV, p. 261.

(2) Cf. Flourens, *Hist. des travaux de Buffon*, 1844, p. 135. — Descartes faisait aussi de l'absence de la parole un grand argument contre les animaux.

d'une simplicité extrême, si bien qu'elles touchent presque au néant.

Parole et langage sont deux expressions souvent confondues dans l'usage, mais auxquelles il importe de laisser dans les sciences leur valeur propre.

La *parole* est un langage articulé par les voies respiratoires.

Le *langage* peut être défini : Tout ensemble de signes convenus entre deux intelligences. On voit que nous donnons à ce mot l'acception la plus large. C'est un langage que l'abbé de l'Épée inventa pour les sourds-muets. L'écriture en est un autre. Un télégramme phonétique n'est pour l'étranger qu'une suite de sons comme le chant du rossignol ; un télégramme de timonerie n'est qu'un assemblage et une combinaison de couleurs comme une arabesque, jusqu'au moment où une entente préalable constitue ces sons ou ces couleurs en langage (1).

Seulement la parole étant le langage habituel et naturel à l'homme doué d'ailleurs de modifications organiques spéciales pour le produire, on a été généralement amené à confondre, en parlant de l'homme, ces deux choses tout à fait distinctes : *parole* et *langage*.

Ceci convenu, la première question qui se présente à examiner est celle-ci : L'homme a-t-il toujours parlé ? Question difficile, mais que nous n'avons pas le droit de proclamer insoluble, qui ne l'est

(1) Cf. Gratiolet, *Bullet. de la Soc. d'anthropologie de Paris*, 18 avril 1861.

peut-être pas, et dont la difficulté tient surtout à la connaissance bien imparfaite que nous avons des époques reculées qui virent l'humanité à son berceau (1).

Rappelons d'abord que l'homme a de commun avec les animaux : « la voix, les cris, les accents naturels » (M. Flourens), ce qu'on appelait autrefois le *langage naturel.* « Comme un simple animal, dit Herder (2), l'homme a la parole. Toutes les plus violentes et les plus pénibles sensations de son corps aussi bien que les fortes passions de son âme se manifestent immédiatement par des cris ou accents, par des sons sauvages et inarticulés. La bête qui souffre — aussi bien que le héros Philoctète — quand elle ressent la douleur, geindra, gémira, même abandonnée dans une île déserte, loin de la vue ou du passage d'une créature amie, sans espérance de secours. » — Ce langage est intelligible d'un animal à l'autre, des animaux à nous, et de nous aux animaux. On peut affirmer que l'homme l'a possédé de tout temps, du premier jour qu'il respira.

Pour le langage articulé, ce que l'on a appelé par opposition au précédent le *langage artificiel*, la question est beaucoup plus complexe et beaucoup moins résolue.

Avec Steinthal, avec Jacob Grimm (3), avec

(1) Cf. J. Grimm, *De l'origine du langage*, trad. 1859, p. 53.

(2) *Traité de l'origine du langage*, trad. anglaise 1827, p. 6.

(3) *De l'origine du langage*, trad. 1859.

M. Renan (1), nous pensons que le langage n'est pas inné dans l'homme, c'est-à-dire qu'il n'est pas, comme le professait déjà la philosophie bouddhique, une conséquence *nécessaire* de l'intelligence active (2). Il n'a pas plus été révélé : cette opinion ne mérite pas l'honneur que lui a fait Jacob Grimm de la combattre (3). Mais on peut admettre que le langage est, sinon une nécessité, du moins une conséquence *directe* de l'intelligence telle qu'elle existait chez l'homme, à l'instant (long ou court, nous l'ignorons) qui a précédé l'apparition du langage. « Le moment, dit M. Renan exposant les idées de Steinthal (4), où le langage sort de l'âme humaine et apparaît au jour, constitue une époque dans le développement de la vie de l'esprit : c'est le moment où les intuitions se changent en idées. Les choses apparaissent d'abord à l'esprit dans la complexité même du réel, l'abstraction est inconnue de l'homme primitif. »

Voilà donc deux modes bien caractérisés, deux

(1) Cf. *De l'origine du langage*, 2e édition, 1858.

(2) C'est en remontant, selon son usage, des effets aux causes que la philosophie bouddhique arrive au principe de solidarité qui unit selon elle la raison au langage, les faisant mutuellement découler l'un de l'autre : « Le nom et la forme ont pour cause l'intelligence, et l'intelligence a pour cause le nom et la forme. » Cf. Burnouf, *Le lotus de la bonne Loi*, p. 550. — Mercure Trismégiste, dans le Pimandre (Pimander, *De sapientia et potestate Dei*), dit à peu près de même : « La parole est sœur de l'intelligence, l'intelligence est sœur du langage. » Cf. Rechtenbach, *De sermone brutorum*. 1706, p. 2.

(3) Cf. *De l'origine du langage*, trad. 1859.

(4) *De l'origine du langage*, 1858, p. 31.

manières d'être bien distinctes de l'intelligence de l'homme. L'une, où cette intelligence ne possède que des intuitions, l'autre où l'analyse se fait jour, où l'esprit abstrait, et où, par un mécanisme plus ou moins compliqué, mais en même temps par un travail réel (1), il arrive à appeler chaque abstraction d'un nom : alors il parle. — Mais avant l'instant où s'est accomplie cette révolution, l'état de l'homme était tout à fait comparable à celui dans lequel vivent les animaux. Ils saisissent bien certains rapports avec leur intelligence, sans éprouver dans la plupart des cas le besoin de les exprimer, rapport d'un ordre beaucoup plus élevé, car on a remarqué avec raison (2), et il ne faut pas l'oublier, que l'acte capital du langage, c'est de « vouloir parler ».

Nous avons vu que certaines idées abstraites, en raison même de leur nature, étaient si parfaitement étrangères à certaines races d'hommes, que leur intelligence n'avait pas, et par conséquent n'avait jamais *voulu* un mot pour les traduire. Eh bien, que d'autres idées exprimant des rapports même beaucoup plus simples, échappent aux animaux, il n'y a là qu'un fait de gradation en relation avec ce que nous avons dit plus haut des phénomènes intellectuels chez les races humaines.

Pour que la différence spécifique que l'on a cher-

(1) Voy. Jacob Grimm, *De l'origine du langage*, trad. 1859, p. 29.

(2) Le père Pardies S. J. dans un ouvrage d'ailleurs médiocre : *Discours de la connaissance des bêtes*, 1672, p. 39.

ché à établir sous ce rapport entre l'homme et les animaux, fût réelle, il faudrait démontrer que le langage est inaccessible, même dans les limites les plus restreintes, aux mammifères !

En est-il ainsi? Prétendra-t-on que certains animaux n'ont pas, à l'état de Nature, un rudiment de langage — articulé ou autre, peu importe? Prétendra-t-on que jamais ils ne se font aucun signe d'aucune sorte, pour se communiquer quoi que ce soit, s'appeler, donner l'alarme, exprimer une sensation quelconque ?

L'expérience démentirait formellement une semblable assertion. Et non pas seulement pour les animaux supérieurs, car cette faculté paraît étendue aux invertébrés : les célèbres expériences de P. Huber (1) nous semblent avoir démontré de la manière la plus formelle que les fourmis, comme les abeilles d'ailleurs, sont susceptibles de se transmettre l'une à l'autre certaines indications ; quand le seul acte de vivre en république, de se joindre plusieurs dans un effort commun, ne viendrait pas donner les plus fortes présomptions à l'existence d'un langage propre à ces animaux.

Que si l'on ose contester aux animaux l'exercice spontané d'un langage restreint dans telle limite qu'on voudra, du moins ne peut-on pas nier que beaucoup de vertébrés ne soient susceptibles d'en recevoir un par éducation, de comprendre la significa-

(1) *Recherches sur les mœurs des fourmis indigènes*, Genève, 1810.

tion de certains sons, de certains signes, et d'en produire à leur tour qui doivent les faire comprendre de nous, nous communiquer une de leurs pensées, une de leurs appréciations (1).

Il ne s'agit pas ici d'animaux qui peuvent reproduire certains sons des organes vocaux de l'homme : c'est là un fait d'un ordre tout matériel et qui n'a aucun rapport avec la question du langage. Il est évident que l'animal qui articule un mot, ne le comprend pas plus qu'un homme répétant les cris d'un animal, n'en comprend généralement le sens ou la signification.

Maupertuis allègue (2) que si les animaux étaient susceptibles de comprendre, on aurait pu leur enseigner à se faire entendre par d'autres signes, au défaut de la voix. Étrange aberration d'un savant de cabinet. Le voilà qui érige en impossibilité un fait journalier; d'abord la plupart des animaux ont la voix, et, ne l'eussent-ils même pas, il n'est personne qui ne sache comment certains chiens muets se font comprendre quand ils le veulent obstinément.

Ce qui serait absurde, ce serait d'espérer de faire saisir aux animaux des idées, des rapports d'un ordre élevé, quand nous avons vu que tous les hommes n'en étaient pas même capables. L'homme a dressé l'animal, et dresser implique précisément

(1) Nous renvoyons le lecteur pour toutes ces questions aux œuvres si remarquables à tant de titres de M. Toussenel.

(2) *Essai philosophique sur l'âme des bêtes*, 1728, p. 217.

l'idée de communication d'une pensée de l'homme à la bête, et de la bête à l'homme.

« Saute, » dit un berger à son chien, et le chien sait que cette articulation vocale lui commande un effort musculaire donné. L'homme a *parlé* au chien. — La nuit, un inconnu ouvre la barrière d'une cour de ferme, le chien de garde aboie : il *dit* à son maître qu'il se passe quelque chose d'extraordinaire (1).

Ce qui prouve bien d'ailleurs que l'aboiement du chien n'est qu'un signe conventionnel, un *langage artificiel*, pour reprendre ici ce mot, c'est que dans certains pays les chiens n'aboient pas, c'est que des chacals ou des loups apprennent à aboyer au contact des chiens qui savent ainsi *parler*, c'est enfin que ces mêmes chiens revenus à l'état sauvage perdent la faculté ou plutôt l'habitude d'aboyer (2).

Nous avons parlé plus haut (p. 21) de ces races inférieures qui semblent avoir emprunté à des voisins mieux doués un rudiment de civilisation qu'elles

(1) On verrait même, en analysant ces deux faits si simples, qu'ils conduisent directement à admettre chez ces animaux l'existence de la notion — aussi obscure que l'on voudra — du devoir : ils savent qu'*il faut* agir comme ils font, sous peine de châtiment ; et c'est là une opération dont personne, nous croyons, ne contestera la nature complexe et purement intellectuelle.

(2) Isid. Geoffroy Saint-Hilaire, *Histoire naturelle générale*, t. III (1860), p. 114. — M. Roulin a remarqué que quelque chose d'analogue avait lieu pour le chat, qui perd à l'état sauvage ces miaulements importuns que font entendre si souvent, pendant la nuit, nos races d'Europe. *Mémoires du Muséum d'histoire naturelle*, vol. XVII.

n'avaient su depuis longtemps développer en aucune manière. Ne semble-t-il pas qu'il y ait ici quelque chose de comparable ? que, sous une influence civilisatrice, au contact d'un être supérieur, le chien a appris le langage ; mais que, n'en comprenant pas l'application généralisée, idée plus complexe et d'un ordre plus élevé, il n'a pas su en transmettre l'usage à ses semblables ou l'a oublié lui-même en perdant l'occasion de l'exercer (1).

Le langage des bêtes est encore une question pleine d'obscurité, mais qui peut, croyons-nous, devenir féconde en faits nouveaux (2). Si Apollonius de Tyane et les anciens philosophes n'ont pas compris aussi bien le langage des bêtes qu'on a quelquefois voulu le croire, au moins n'ont-ils pas eu tort de diriger leurs recherches de ce côté. Nous ne doutons pas qu'en étudiant mieux les animaux, on arrive à la démonstration scientifique de cette vérité banale, reconnue de tous ceux qui vivent avec eux, à savoir : qu'ils peuvent nous comprendre, qu'ils se font

(1) C'est parce qu'il y a là une sorte d'éducabilité de l'animal et même de sa race tout entière, placée dans certaines circonstances ; c'est parce que, d'autre part, nous refusons à certaines races humaines « l'initiative du progrès » (Cf. Broca, *Bulletins de la Société d'Anthropologie*, 24 mai et 21 juin 1860), que nous ne pouvons accepter la *classe homme* de M. Chevreul, précédant la *classe des mammifères*, et ayant pour caractère la *perfectibilité de l'individu et de l'association des individus*. Cf. *Exposé d'un moyen de définir et de nommer les couleurs*, § 185 (*Mémoires de l'Académie des sciences*, t. XXXIII, 1861).

(2) Voy. Dr Gibson, *Assoc. amér.* (Cf. *Ami des sciences*, 29 août 1858).

comprendre de nous et qu'ils se comprennent mutuellement, dans certaines limites (1).

Longtemps on a cru que l'intelligence et la pensée étaient à l'homme seul, et qu'il n'avait que l'instinct organique de commun avec les animaux. — Cette opinion tend chaque jour à se modifier, nous croyons l'avoir montré. — Quelque chose de semblable aura lieu, selon nous, pour le langage mieux étudié. Là, comme pour l'intelligence, comme pour l'organisme, on arrivera sans doute à démontrer une *unité* qu'on peut regarder par analogie comme nécessaire, offrant seulement des degrés en rapport avec ceux de l'organisme et de l'intelligence. Tout être vivant (nous n'entendons parler ici que des vertébrés) apparaîtra composé des mêmes parties constituantes, mais inégalement développées, et dont quelques-unes n'ont été prises, chez nous, pour des dissemblances ou pour des parties nouvelles, que faute d'études approfondies. Comme on croyait autrefois découvrir dans la tête des poissons des os nouveaux, jusqu'au jour où, leurs rapports, leurs connexions, leur développement mieux étudiés, on a reconnu et démontré l'unité de composition là même où on l'avait le moins soupçonnée.

Nous ne saurions mieux faire pour nous résumer

(1) Une curieuse étude, par exemple, serait de rechercher si certains bruits, certains sons qui n'ont aucune signification pour nous, ne produisent pas, chez quelques animaux, des impressions déterminées, ayant leur origine première dans ces animaux mêmes ou dans leurs rapports mutuels, sans que l'éducation que nous leur donnons soit pour rien dans cette manifestation.

sur ce sujet que de citer un passage emprunté aux œuvres du savant qui de nos jours a poussé le plus loin l'étude des homologies organiques, M. Richard Owen : c'est le dernier pas accompli et le plus décisif dans cette grave question de la place de l'homme dans la Nature.

« *N'étant pas à même*, dit le professeur du British Muséum, *d'apprécier ou de concevoir la distinction qui existe entre les phénomènes* PSYCHOLOGIQUES *d'un Chimpanzé et ceux d'un Boschiman ou d'un Aztec au cerveau arrêté dans son développement, comme étant de nature assez essentielle pour écarter une comparaison entre eux, ou* COMME ÉTANT AUTRE QU'UNE DIFFÉRENCE DE DEGRÉ, je ne puis fermer mes yeux à la signification de cette si complète analogie de structure — chaque dent, chaque os étant strictement homologues — qui fait de la détermination des différences entre l'homme et le singe l'écueil de l'anatomiste. Aussi, avec tous égards pour l'auteur des *Records of creation* (1), je suis de l'avis de Linné (2) et de Cuvier, et je regarde l'homme comme un sujet légitime de comparaison et de classification zoologique (3). »

(1) *A treatise on the Records of the Creation*, par J. Bird Sumner lord archevêque de Canterbury, 6e édition, in-8, Londres, 1850.

(2) « Nullum characterem hactenus eruere potui, unde homo « a simia internoscatur. » Linné, *Fauna Suecica*, præfatio.

(3) « Not being able to appreciate, or conceive of the distinction between the *psychical* phænomena of a Chimpanzee and of a Boschiman or of an Aztec with arrested brain-growth, as being of a nature so essential as to preclude a comparison between them, or *as being other than a difference of degree*, I can-

Accepter la gradation, n'est-ce pas relier cette grande chaîne des êtres qui serait impossible, qui n'existerait pas, ou plutôt qui ne serait que caprice, système, méthode artificielle, si les êtres classés n'étaient ainsi classés que par une portion d'eux-mêmes? N'est-ce pas affirmer davantage cette série continue en laquelle ont cru Aristote, Leibnitz, Bonnet, Linné et de Blainville?

Nous proclamerons donc cette loi formulée par M. Flourens, qui cependant ne l'accepte pas, comme nous, sans restriction :

Loi. *Des bêtes à l'homme, tout n'est qu'une chaîne de nuances suivies.*

Donc pas de règne humain. Donc cette autre conclusion : pour l'homme et pour les animaux, une seule méthode applicable, et la même.

not shut my eyes to the significance of that all-pervading similitude of structure — every tooth, every bone, strictly homologous — which makes the determination of the difference between *Homo* and *Pithecus* the anatomist's difficulty. And, therefore, with every respect for the Author of the ' *Records of Creation* ' I follow Linnæus and Cuvier in regarding mankind as a legitimate subject of zoological comparison and classification. » R. Owen, *On the characters of the Class Mammalia*, p. 20, note. (*British Association for the Advancement of Science*, 1857).

CHAPITRE III

L'ORDRE DES BIMANES.

Le naturaliste de notre époque qui s'est le plus occupé de la taxonomie des vertébrés, le prince Ch. Bonaparte s'exprime ainsi : « L'homme peut être considéré comme constituant à un point de vue une simple famille; à un autre, un règne tout entier. » Mais il ajoute aussitôt que, dans ce second cas, « les caractères ne sont plus en harmonie avec le reste du système. »

En effet, on ne saurait admettre en même temps les principes généraux de classification suivis aujourd'hui, d'une part, et de l'autre le règne humain. De ces deux choses il en faut une qui tombe. Le système de classification des mammifères adopté dans son ensemble par les deux Geoffroy, les Cuvier, les de Blainville, les Richard Owen, ne peut subsister sans envelopper l'homme. Si l'homme était à lui seul un règne, cette classification serait mensongère, car ne faudrait-il pas au moins créer un règne cétacé, un règne oiseau, etc., etc. Pour nous, le problème est déjà résolu et nous n'avons pas attendu de nous heurter à cette nouvelle inconséquence. L'harmonie est la condition nécessaire de tout système vraiment naturel. On ne peut pas arbitrairement donner aux mêmes caractères une valeur différente, et, réciproquement, des divisions de même ordre doivent nécessairement répondre à des caractères de même valeur.

On avait cru devoir au moins créer pour l'homme une de ces grandes divisions qui partagent les mammifères. On a fait un ordre des *bimanes*. — Nous ne craignons pas de le dire, ce fut encore là une pure création de cabinet; et nous allons plus loin, nous affirmons qu'elle ne pouvait se produire que dans un pays où la chaussure est d'un usage universel et journalier. Ce n'est pas au milieu de nos grandes cités qu'il faut observer l'homme quand on veut étudier ses caractères zoologiques.

L'ordre des bimanes a-t-il sa raison d'être quand on considère l'homme plus près de l'état de Nature; est-il « l'immédiat et nécessaire résultat des rapports « naturels respectivement appréciés dans leur de- « gré? » — « Non, » a répondu Etienne Geoffroy dans d'éloquentes pages, « cet ordre est à suppri- « mer (1). »

E. Geoffroy avait vu, dans les bazars du Caire, les artisans se servir de leur gros orteil pour mille usages de préhension. Un Nubien, un nègre à cheval prend de préférence la courroie de l'étrier entre le premier doigt du pied et les autres: ainsi monte toute la cavalerie abyssinienne (2). Si le fait rapporté par Bory de Saint-Vincent, des résiniers des Landes, ne s'est pas trouvé

(1) *Comptes rendus de l'Académie des sciences*, t. II, p. 581.
(2) Voy. le magnifique ouvrage anglais intitulé : *Sketches of*

confirmé (1), toujours nous avons vu les Nubiens Barabras monter à la grande vergue des *dahabiehs* du Nil en saisissant au-dessous d'elle, avec le gros orteil, la corde qui soutient la voile.

Le pied, quand son action n'est pas paralysée par l'habitude d'une chaussure, ce qui est d'ailleurs exceptionnel, est éminemment apte à la préhension. Et si certaines espèces d'hommes nous semblent très-propres au mode d'existence que mènent les quadrumanes, si elles nous semblent constituées pour vivre dans les arbres, il n'y a rien là qui doive étonner, rien que de très-naturel et de très-conséquent.

On a dit avec raison que l'homme était frugivore. Toutes les particularités de son canal intestinal, surtout sa dentition, le démontrent de la manière la plus péremptoire. Il dut donc, dès l'origine, avoir tout son organisme également modifié en harmonie avec cette alimentation. Comme les singes, il dut posséder des moyens de locomotion tels qu'il fût capable de se procurer cette nourriture spéciale qui lui convenait. Dès lors, quoi de surprenant que chez certaines races qui se sont à peine écartées de l'état de Nature, nous retrouvions encore comme un reste d'un mode de vie qui dut être général à l'origine.

central Africa; — et encore le portrait du chef Kanéma, dans le *Voyage de Barth*, t. III.

(1) Is. Geoffroy Saint-Hilaire, *Histoire naturelle générale*, t. II, p. 200, 515.

Modera, cité par J. Crawfurd, raconte qu'un jour trois naturalistes, allant à la côte nord de la Nouvelle-Guinée pour leurs études, trouvèrent les arbres pleins d'indigènes des deux sexes, qui sautaient de branche en branche avec leurs armes sur le dos, comme des singes, gesticulant, criant et riant (1).

Cette race singulière, dont nous avons parlé plus haut (p. 26), et qui a été signalée dans l'Hindoustan par plusieurs observateurs, paraît vivre à moitié dans les arbres. On est en droit de se demander si le souvenir confus d'un tel peuple et de ses mœurs, n'a pas été l'origine de la tradition qui a servi de base au poëme de Valmîki. Rama marche à la conquête de son épouse Sîta, ravie par le mauvais génie Râvana; il est aidé dans cette entreprise par une vaillante armée de singes, et à chaque instant, dans le récit, reviennent des expressions, des épithètes qui rappellent la nature simienne et quadrumane des combattants (2).

En jetant les yeux sur les premiers groupes composant la série des mammifères, on trouve des singes qui marchent sur la plante des pieds et sur la paume

(1) Crawfurd, *On the negro race, etc...* (*Brit. Assoc. for the adv. of science*, 1852, p. 86).

(2) Voir la traduction de cette véritable Iliade par M. H. Fauche : *Râmâyana*, 1857. — Rapprochons aussi de ce document poétique cette autre tradition rapportée par Rienzi (*Océanie*, t. I, p. 37; Paris, 1836, in-8°), et d'après laquelle le bouddhisme aurait jadis organisé une mission pour convertir les singes. Cf. *Bulletins de la Société d'Anthropologie*, 7 juin, 1860.

des mains; — d'autres qui marchent sur la plante des pieds et sur les phalanges des mains repliées, mode de progression tout particulier, caractère bizarre et inattendu, qui suffirait seul à caractériser un groupe : ce sont les singes anthropomorphes ; — un autre mammifère, enfin, qui ne marche plus que sur la plante des pieds, la forme du corps et des jambes rendant ses membres antérieurs tout à fait impropres à la marche : c'est l'homme.

Les premiers singes dont nous venons de parler, marchant sur la plante des pieds et sur la paume des mains, sont donc franchement quadrupèdes. Ils ressemblent par là aux autres mammifères, chez qui le membre pectoral, aussi bien que le membre abdominal, est avant tout un organe de locomotion ; seulement ces singes font en plus servir leurs quatre extrémités à une autre fonction qui paraît là tout à fait secondaire et dérivée, la *préhension*. Et c'est précisément parce que l'organisation de leurs membres est modifiée en vue d'une fonction nouvelle, spéciale, détournée, qu'ils ont pu fournir une caractéristique suffisante à spécifier un ordre, celui des *quadrumanes*.

Dans les singes anthropomorphes, la main repliée paraît surtout un organe de préhension, servant secondairement à la locomotion ; pendant que le pied, organe de locomotion par excellence, conserve la faculté de saisir au moyen d'un pouce opposable.

Dans l'homme, le membre supérieur n'est plus propre du tout à la marche, et l'inférieur, destiné à la locomotion comme dans les deux groupes précédents, conserve également sa faculté de préhension : l'observation le démontre aussi bien que l'anatomie.

On voit que là encore, comme partout, au point de vue organique, les quadrumanes anthropomorphes sont une véritable transition de l'homme aux autres familles de singes.

On a proposé d'étendre la signification du mot main et de l'appliquer à toute extrémité terminale d'un membre susceptible de saisir, aussi bien la patte des lémuriens que celle des perroquets. Nous sommes d'avis de restreindre ce nom, avec Linné, de Blainville et Cuvier, à une extrémité formée de doigts et d'*un pouce opposable*. Mais même en se renfermant dans cette définition étroite, nous croyons avoir démontré que l'homme, en réalité, est *quadrumane*, cette définition s'appliquant fort bien au pied où le gros orteil sert, chez la moitié au moins des peuples de la terre, à la préhension, et reste, quand il n'est pas déformé par la chaussure, très-écarté des autres orteils, ainsi que E. Geoffroy en avait déjà fait la remarque (1).

Donc, pas plus d'ordre des bimanes que de règne humain.

Il faut revenir à la sous-division proposée par Ch. Bonaparte : une *famille*. L'homme constitue une simple famille dans l'ordre des quadrumanes,

(1) *Comptes rendus de l'Académie des sciences*, vol. II. — Voyez encore, pour l'écartement du gros orteil, les planches photographiées du *Voyage à la côte orientale d'Afrique*, par le capitaine Guillain.

distinguée par des caractères précisément égaux en importance à ceux qui différencient les autres groupes semblables de la classe des mammifères, ce qui vient encore à l'appui des adversaires du règne humain et des partisans du système zoologique. A défaut de caractères positifs tirés des extrémités, qui ne sauraient en aucune façon — nous venons de le dire — se prêter, aux yeux des vrais naturalistes, à une distinction sérieuse entre l'homme et les autres quadrumanes, on a trouvé dans la dentition un caractère remarquable par sa constance jusque dans les races les plus dégradées, les plus animales, et qui distingue tout d'abord l'homme du groupe qui le suit immédiatement dans la série zoologique. Ce caractère sur lequel a insisté, après les deux Cuvier, mais avec une force toute nouvelle, M. Rich. Owen en divers endroits (1), est la *contiguïté* des dents et la *continuité* de leurs couronnes, dont aucune ne dépasse jamais le niveau des autres.

Ainsi pour l'homme, comme pour le restant des mammifères, c'est le système dentaire qui nous donnera la meilleure caractéristique. Nouvelle preuve que l'étude de l'homme et celle des animaux doivent procéder par les mêmes méthodes ; preuve encore, que ces deux études sont deux branches parallèles, intimement unies, d'une seule et même science.

(1) *Odontography*, London, 1840, p. 452 ; — *Catalogue de la collection huntérienne, Ostéologie*, t. II, p. 800.

CHAPITRE IV

VARIÉTÉS ANATOMIQUES, PHYSIOLOGIQUES ET PATHOLOGIQUES.

I

Nous avons essayé de démontrer, dans les pages précédentes, l'unité spécifique des phénomènes biologiques de tout ordre qui se manifestent chez les animaux supérieurs et chez l'homme. Cette unité nous a conduit nécessairement à une autre, celle de la méthode, et nous venons de voir que l'homme formait tout simplement une famille, c'est-à-dire une division très-secondaire dans la série zoologique.

Mais nous n'avons fait que le premier pas dans la route à parcourir. Le genre humain offre bien des variétés, bien des dissemblances. Il va les falloir apprécier, et rechercher de quelle valeur seront les divisions à établir entre ce qu'on appelle habituellement les *races* d'hommes. Or, la seule règle à suivre ici sera naturellement celle-là même qui est appliquée par tous les zoologistes aux autres individus composant la série animale.

La seule voie pour arriver à un tel but sera, avant tout, l'étude des différences physiques, base nécessaire d'une classification rationnelle. Ainsi, nous aurons du moins des résultats sérieux et, qui plus est, comparables.

On a immensément écrit sur l'anatomie des races, et cependant on peut encore désigner ce sujet aux études sérieuses des anthropologistes; peut-être, en portant leur attention plus loin que la peau, la masse encéphalique et le squelette, qui ont été à peu près seuls étudiés jusqu'ici, trouveraient-ils dans tous les systèmes des dissemblances de même ordre et aussi tranchées (1).

Ces différences, ces variétés sont telles qu'elles sautent aux yeux et que le peuple ignorant les apprécie de suite (2), elles sont telles que les monogénistes les plus éminents s'accordent à les regarder comme suffisantes à différencier partout ailleurs des espèces ou même des genres! Elles portent sur

(1) Tiedemann d'Heidelberg écrivait à Knox, à propos du système nerveux, qu'il avait de grandes raisons de croire que les natifs d'Australie différaient de ce côté des Européens *à un point extraordinaire*. Knox, *The races of men;* London, 1850, p. 2.

(2) « Les caractères physiques qui distinguent les *races humaines* les unes des autres, sont peut-être le *fait d'histoire naturelle* qui, à toutes les époques, a le plus frappé l'imagination des hommes... Les historiens racontent que, lors du premier retour de Colomb, les Européens ne pouvaient détacher leurs yeux des plantes, des animaux inconnus que Colomb avait rapportés, et surtout, disent-ils, des Indiens si différents de toutes les races d'hommes qu'on ait jamais vues. » Flourens, *Considérations sur l'enseignement de l'Histoire naturelle de l'homme* (*Annales des sc. nat.*, t. X, p. 357). — Ces étonnements se renouvellent encore chaque jour, et j'ai connu un nègre très-intelligent qui avait conservé un souvenir fort peu agréable des campagnes de France où il avait été l'objet de la curiosité la plus indiscrète et la plus générale.

tous les points de l'organisme, et nous verrons plus loin qu'elles se retrouvent aussi tranchées, aussi palpables, dans le moral que dans le physique.

Nous ne prétendons pas ici les dire toutes, même les énumérer; nous citerons seulement les principales ou celles qui nous sembleront mériter quelque remarque. Le nombre est immense de celles qui existent, ou qu'on a cru observer, car cette restriction est nécessaire : en effet, si nous sommes les premiers à admettre qu'il y a entre les diverses sortes d'hommes une variété infinie de différences considérables en elles-mêmes, nous voulons aussi éviter de tomber dans ces erreurs bien des fois commises et qui tenaient toujours au petit nombre de faits observés, les chercheurs ayant souvent donné à des observations individuelles la valeur de faits généraux.

On trouve dans l'histoire des études anthropologiques plus d'un exemple de ces jugements précipités. Vers la fin du siècle dernier, quand la couleur du nègre était depuis cent ans déjà la préoccupation dominante du monde savant en Europe (1), un nommé Kluegel affirma (dans l'*Encyclopédie de Berlin*, 1782) que les lèvres de l'Éthiopien étaient d'un beau rouge. Grande rumeur; Sœmmering lui-même s'en émeut, écrit de tous côtés, cherche des informations, de-

(1) Les travaux s'étaient succédé sur ce sujet, dus à Reinhold Wagner (1699), B. S. Albin (1737), Barrère (1742), Mitchell (1744), Baeck (1748), Meckel (1753-1757), Le Cat (1756-1765), etc... Voy. Georges Pouchet, *Des colorations de l'épiderme*, in-4°, Paris, 1864.

mande des renseignements, qui, tout naturellement, se trouvèrent contraires à l'opinion de Kluegel. On sait en effet que, chez le nègre, le pigment s'étend à la plupart des muqueuses dont la structure rappelle celle de la peau. Les lèvres sont ordinairement noires, et l'on trouve le plus souvent sur les gencives, et même sur le palais, une couche pigmentée non continue, qui forme sur ces parties des maculatures d'un violet foncé; Kluegel avait conclu trop vite de quelque fait particulier: il avait eu très-probablement à sa portée quelque individu nègre avec les lèvres, les gencives et la langue d'un beau rose ressortant de tout son éclat sur le ton noir de la peau. Nous avons eu nous-même l'occasion d'observer un cas semblable chez un Soudanien, affecté ainsi d'une sorte d'*albinisme partiel* de la muqueuse buccale.

En anthropologie comme dans toutes les sciences d'observation, ce sont les moyennes qui doivent faire foi; elles seules ont une valeur absolue et peuvent seules mener à des résultats positifs; tout phénomène isolé garde sa valeur individuelle à la vérité, mais on est exposé aux plus grossières erreurs dès qu'on veut le généraliser.

Le système osseux a été le plus étudié (1); dans le système osseux, la tête, et en particulier le crâne: nous aurons plus loin à revenir sur la valeur des

(1) L'analyse des différences anatomiques du squelette n'a nulle part été mieux faite que par Bérard en France, et Lawrence en Angleterre. Je renvoie, pour les détails, à ces deux auteurs : Bérard, *Cours de physiologie*, 1848, t. I; — Lawrence, *Lectures on Comparative Anatomy*, 9e édition, 1848.

procédés cranioscopiques et des classifications assises sur cette base.

La face presque autant que le crâne a été l'objet de recherches attentives; les plus petites différences ont été notées, et presque toutes érigées par les uns ou par les autres en caractères distinctifs. Nous pouvons citer ici la classification de Bérard reprise et développée par Isidore Geoffroy Saint-Hilaire. Celui-ci divisait le genre humain en quatre groupes :

1° Les *orthognathes*, ou hommes à face plate et à visage ovale;

2° Les *eurygnathes*, ou hommes à visage large et à pommettes saillantes;

3° Les *prognathes* ou hommes à face proéminente;

4° Enfin les races à la fois *eurygnathes et prognathes*, comme les Hottentots, dont le développement de la face offre l'exemple d'un acheminement manifeste vers l'exagération de ce même développement chez le singe anthropomorphe en bas âge (1).

On a essayé aussi d'établir par des moyennes une différence sensible entre les bassins des diverses races. Weber a cru remarquer que la forme du détroit supérieur n'était pas la même chez toutes. Selon lui elle serait :

1° *Ovale* chez les Européens;

2° *Ronde* chez les Américains;

3° *Carrée* chez les Mongols;

4° *Cunéiforme* ou *oblongue* chez les Africains.

(1) Is. Geoffroy Saint-Hilaire, *Sur la classification anthropologique* (*Mém. de la Société d'Anthropologie*, 1861, t. I, p. 125).

Les mêmes idées ont été reprises et défendues par les anthropologistes français; il est bon pourtant de faire remarquer que Weber ajoute lui-même que des exemples de chaque variété de bassin peuvent fort bien se rencontrer dans la même race. — Ce qui semble positif, c'est que dans l'espèce nègre le bassin est en général sensiblement plus petit. C'est au moins l'opinion de Camper (1), de Vrolik, de Sœmmering, de White (2), de Bérard (3), qui en ont mesuré un grand nombre.

La facilité de parturition, si remarquable chez les races inférieures, a donc pour cause une petitesse relative encore plus marquée de la tête du fœtus. Car il faut bien admettre que chez ces peuples tout se passe naturellement, à la manière des animaux : c'est l'accouchement laborieux chez nous, qui est exceptionnel, anormal, et qui aurait besoin d'être expliqué. La parturition difficile et aussi douloureuse que nous la voyons sous nos yeux, est sans aucun doute un produit de la civilisation. Seulement il est malaisé de déterminer quelle en est la cause immédiate, et si cette cause réside dans la mère ou

(1) La proportion donnée par Camper est celle-ci : Le grand diamètre est au petit

chez l'Européen :: 41 : 27;
chez le nègre :: 39 : 27,5.

(2) *Account of the Regular Gradation of Man*, in-4°, London, 1799, p. 118.

(3) *Cours de physiologie*, Paris, 1848, t. I, p. 394. — Voy. aussi, sur la même question, A. Maury, dans l'*Athénéum français*, 1853, n° 47.

dans le fœtus. Est-ce le bassin qui est rendu plus étroit chez l'Européenne par quelque usage entré dans nos mœurs, dans nos habitudes d'éducation? ou faut-il admettre — grave question — que le développement d'un organe tel que le cerveau chez le fœtus, est subordonné à l'exercice des fonctions du même organe chez les ascendants.

Au système osseux on peut aussi rattacher les différences de taille qui sont si sensibles. Qui ne reconnaît qu'en Europe, par exemple, les Anglo-Saxons, les Allemands, les Norwégiens, les Albanais sont de grande taille, tandis que les habitants du midi de la France, les Irlandais, les Espagnols, les Maltais, représentent une variété plus petite du genre humain.

Les membres offrent chez les diverses races d'hommes les dissemblances les plus marquées, en raison de cette loi qui veut que les modifications de l'organisme deviennent de plus en plus nombreuses et de plus en plus tranchées du centre à la périphérie. C'est dans les doigts, dans les dents que les naturalistes vont chercher les caractères des familles et des genres; c'est à la limite même de l'individu, dans la couleur des poils ou de la peau, qu'ils trouvent en général les caractères des espèces. — Nous ne citerons encore ici que des faits qui pourront être l'objet de quelque remarque particulière.

On a dit et répété que les Tartares avaient les jambes recourbées en dedans; et les monogénistes n'avaient pas manqué l'occasion de trouver là une preuve nouvelle de ces influences du mode de vie, si nécessaires pour défendre leur thèse. Ils avaient découvert à première vue dans cette infirmité *générale* une conséquence de l'habitude de monter à cheval, sans penser que l'Arabe hymiarite était au moins aussi souvent à cheval, et que pourtant la noblesse et la rectitude de sa stature n'en souffraient pas.

En remontant à la source de cette erreur, on voit que c'est une singulière exagération de ce que dit Pallas. Celui-ci, qui a si longtemps vécu au milieu des Tartares, dit simplement : « Le seul vice de conformation qui soit *assez fréquent* chez eux, est une courbure extérieure des bras et des jambes, résultat d'une espèce de cuillère sur laquelle ils ne cessent d'être comme à cheval dans leur berceau, et de ce que, dès qu'ils ont appris à marcher, ils se trouvent à chaque déménagement obligés de s'habituer à l'équitation. » Voilà ce que dit Pallas, et il est bien évident qu'il ne parle ici que d'une exception, car il écrit quelques lignes plus haut : « Je ne me rappelle pas avoir vu un enfant qui fût estropié. L'éducation qui est entièrement abandonnée à la nature, ne peut former que des corps sains et *sans défauts*, etc. (1). »

Si l'on a parfois exagéré les relations des voyageurs, il n'est pas moins constant que certaines races offrent une conformation des extrémités très-différente de ce qu'elle est chez nous. C'est une re-

(1) *Tribus mongoles*, traduction par S. A. de Grandsagne, dans les *Mémoires du Muséum*, t. XVII.

marque qu'Albrech Durer avait déjà faite (1). — Chez le nègre, par exemple, la longueur de l'avant-bras est plus considérable que chez l'Européen. Elle est proportionnellement à la taille dans ces deux races :: 107 : 100 (2).

Le pouce de la main du nègre est aussi en général beaucoup moins opposable. Dans certaines races d'hommes, la main elle-même est d'une petitesse remarquable. Ainsi, chez les Boshimans, chez les Chinois, chez les Eskimaux (3), et chez les habitants de Ceylan (4). Il en était de même des races qui ont construit les grands temples américains, où nous retrouvons encore sur les pierres, l'empreinte en rouge de leurs mains (5). — On avait dit la même chose de cette antique population de l'Europe septentrionale, qui ignorait l'usage du fer et ne se servait que d'armes de bronze (6). Mais l'étude de la magnifique collection d'antiquités scandinaves du

(1) Il dit en parlant des nègres : « ... *des gleychen jre shinbeyn « mit dem knie und fuess sind zu knorret nit so gut zu sehen als der « weyssen, des gleychen jr hend.* » *Vier Buecher von menschlicher Proportion*, 1528, p. Tij.

(2) Voy. Broca, *Bulletins de la Société d'Anthropologie*, 3 avril 1862.

(3) Cf. Lawrence, *Lectures on Comparative Anatomy*, London 1848, p. 410.

(4) Davy, *An Account of the Interior of Ceylan*, 1821, p. 109.

(5) Voy. Daniel Wilson dans *British Review*, 1851 ; et dans Stephens, la description du temple d'Uxmal.

(6) Voy. *Bulletins de la Société de géographie*, 4e série, vol. X, p. 45. — Il ne faut pas oublier, d'ailleurs, que ces armes à petite poignée ont pu servir aux vaillantes héroïnes qu'ont si souvent célébrées les chants du Nord.

musée de Berlin ne nous a pas démontré que les poignées de *toutes* ces armes fussent aussi petites qu'on l'a prétendu.

Le pied ne varie pas moins. C'est ainsi que les races nègres de l'Océanie et de l'Afrique paraissent offrir un développement exagéré du calcanéum : MM. Quoy et Gaymard l'ont très-bien remarqué chez les habitants de Vanikoro. Enfin, il n'est personne qui ne se rappelle, quand on l'a vu une fois, l'aspect spécial du cou-de-pied des nègres, sillonné de plis nombreux partant du dessous des chevilles. C'est là, d'ailleurs, une particularité qui est loin de se présenter, comme on pourrait le croire, chez tous les peuples qui marchent sans chaussure.

Le pied des Nubiens, par exemple, et en particulier celui des femmes, offre de tout autres caractères. Les cinq métatarsiens semblent reposer dans leur longueur totale sur le sol, sans former de cou-de-pied, leurs extrémités antérieures légèrement écartées, les doigts tous uniformément espacés, en sorte que le pied est plat, mais autrement que par la conformation vicieuse à laquelle nous donnons ce nom chez nous. Cette structure est, au reste, parfaitement représentée dans toutes les statues égyptiennes sans exception, et plus sensible encore, quand on leur compare dans les galeries du *British Museum* un fragment de pied colossal (1) trouvé en Égypte

(1) « Presented by A. C. Harris Esq. 1840. »

aussi, à Alexandrie, mais évidemment d'origine grecque ou romaine : les doigts y sont rapprochés, le gros orteil seul écarté, le dessus du pied arqué comme chez les Européens.

Cette ressemblance de toutes les statues égyptiennes avec le pied des habitants de la haute Égypte ou de la Nubie ne saurait être un fait fortuit. C'est, au reste, un véritable problème en anthropologie, que de déterminer la valeur à accorder à l'iconographie monumentale des anciens Égyptiens. M. A. Maury a réduit de beaucoup et avec justesse l'autorité de ces portraits, presque tous semblables, qui couvrent les murs des temples. Nous-même, en visitant le fameux spéos d'Abou-Simbel, nous fûmes loin de trouver tout ce que nous avait promis la lecture de certains anthropologistes, partisans enthousiastes de l'art égyptien, comme Gliddon, Nott, etc. Sans doute on distingue *parfaitement* certains types, cela est indubitable (1), mais vouloir retrouver dans chaque tête un peuple, Scythes, Arabes, Philistins, Lydiens, Kurdes, Indous, Juifs, Chinois, Tyriens, Pélasges, Ioniens, etc., n'est-ce pas faire la part trop belle aux artistes égyptiens, copistes malhabiles et inventeurs maladroits? L'art égyptien, quoi qu'on ait pu dire, a toujours été plus éloigné de la copie de la nature, que l'art grec : celui-ci tendait à idéaliser, l'autre transformait. Certains arbres qu'on voit abattre dans un bas-relief du grand temple de Kar-

(1) Voy. surtout Lepsius, *Denkmaeler von Egypten und Æthiopen*, vol. II, pl. 133; vol. III, pl. 116, 117, 118, 136.

nac, sont assurément de fantaisie pure. Il a pu en être ainsi de bien d'autres sujets auxquels on a voulu donner une valeur scientifique.

Revenons aux différences anatomiques et à celle de toutes qui, dès l'antiquité, a le plus vivement frappé les masses aussi bien que les observateurs sérieux. Nous voulons parler de ces colorations de la peau de l'homme qui parcourent presque toute la gamme chromatique, depuis le blanc mat jusqu'au brun le plus foncé (1). Il n'est pas de système qu'on n'ait imaginé pour expliquer ces différences, jusqu'à l'influence de la malédiction de Noé pris de vin (2) !

Malheureusement nous manquons encore des recherches histologiques et chimiques nécessaires pour poser les bases d'une histoire complète des colorations de la peau des races d'hommes (3). Nous devons dire seulement que les travaux récents sur certains états morbides, tels que la maladie d'Addison et d'autres affections qu'on en peut rapprocher, en nous faisant connaître des circonstances pathologiques dans lesquelles l'Européen à peau blanche devient presque aussi noir qu'un nègre et par des modifications anatomiques identiques, ont à peu près démontré que les phénomènes atmosphériques n'ont

(1) Bérard, *Cours de physiologie*, Paris, 1848, t. I, p. 394.

(2) Voy. J. H. Hannemann, *Curiosum scrutinium nigredinis posterorum Cham*, in-4, Kiloni, 1677, § XIV.

(3) Cf. Pruner-Bey, *Bulletins de la Société d'Anthropologie*, 5 mars 1863.

pas l'influence que leur prêtent les monogénistes et que l'origine première des colorations de l'épiderme chez les races humaines réside donc encore plutôt dans les profondeurs de l'organisme inaccessibles au rayonnement céleste (1).

Les variétés que présente le système pileux, sont capitales et d'une importance au moins égale à celles du système cutané. Si nous pensons qu'une classification des races, basée simplement sur les caractères des cheveux, comme on l'a quelquefois proposé (2), laisserait beaucoup à désirer, et serait par trop artificielle, nous ne doutons pas cependant que l'appareil pileux ne puisse fournir des indications d'une grande valeur quand on les aura combinées dans une sage mesure, avec d'autres caractères, ainsi qu'a fait Isidore Geoffroy Saint-Hilaire (3). Sans doute, les couleurs que peuvent offrir les cheveux, du blond au noir et du noir au rouge, sont presque innombrables en France et en général dans les pays où le mélange des races a été poussé aussi loin que possible; mais il faut reconnaître que chez les populations plus entières, moins envahies par le sang

(1) Voy. sur cette question : Georges Pouchet, *Des colorations de l'épiderme*, in-4, Paris, 1864.

(2) Bory de Saint-Vincent partageait les hommes en *Leucotriques* et *Ulotriques* (voy. Bérard, *Cours de physiologie*, 1848, t. I, p. 394). Prichard rapporte toutes les races aux trois types suivants : 1° *Melanocomous*; 2° *Leucous*; 3° *Xanthous* (voy. *English Cyclopædia*, art. *Man*).

(3) *Tableau synoptique des races humaines* (*Mém. de la Soc. d'Anthropologie*, t. I, p. 143).

étranger, la constance des caractères tirés des cheveux est assez grande (1).

Au reste, les différences qu'ils offrent, ne se rapportent pas seulement à la couleur; les cheveux d'une race peuvent être lisses, crépus, laineux : car on a en général le tort d'employer indifféremment ces deux dernières expressions qui doivent servir à distinguer deux états particuliers et très-distincts. C'est ainsi que les Nubiens Barabras, par exemple, ont, avec un ton de peau extrêmement foncé, des cheveux ondulés, vraiment *laineux* et tout à fait autres que ceux du nègre. Celui-ci a les cheveux *crépus*, c'est la véritable expression (2). On demandera d'autres caractères encore à la longueur des cheveux, à leur section transversale dont la figure peut varier considérablement, à leur souplesse, à leur abondance, enfin, peut-être, à leur mode d'implantation lui-même, dont l'économie sur le cuir chevelu n'a point encore été suffisamment étudiée, et qui varie peut-être chez les différentes races humaines. En effet, les cheveux, comme les poils de beaucoup de mammifères, ne sont pas plantés tous à égale distance les uns des autres, ils sont rapprochés par petits groupes. C'est ce que l'on voit bien, surtout à la nuque, et chez le nègre beaucoup mieux que chez l'Européen.

Ceci, joint à la forme irrégulièrement prisma-

(1) Cf. Pruner-Bey, *De la chevelure* (*Mém. de la Soc. d'Anthropologie*, t. II, p. 1).

(2) Cf. Smith, *The Natural History of the Human Species*, p. 189.

tique des cheveux du nègre, est sans doute l'origine de la particularité suivante : quand on a rasé la tête d'un nègre, et que ses cheveux commencent à repousser, on est frappé de l'aspect étrange qu'ils présentent. Ils sont disposés en petites touffes de la dimension d'un pois environ, en sorte que sa tête, on l'a dit avec raison (1), ne ressemble à rien mieux qu'à une vieille brosse usée.

Cet aspect est spécial au nègre et ne se retrouve pas au N.-E. de l'Afrique chez les populations environnantes à cheveux *laineux*. — Dans l'énumération des nombreuses perfections que la dogmatique indienne exige du Bouddha parfait, et que possédait Çakhya-Mouni, il est dit : « Les cheveux du Bouddha repoussent en petites boucles (2). » Il est impossible de mieux désigner ce qui se passe chez le nègre. Toute cette tradition hindoue est, au reste, une véritable énigme pour l'anthropologiste. Pourquoi, chez le Bouddha, les paumes des mains descendent-elles jusqu'aux genoux (3)? Pourquoi le mendiant fils de roi, né sur les bords du Gange, est-il toujours représenté sous les traits ou avec les caractères d'un nègre, la peau noire, les cheveux crépus? Çakhya-Mouni n'appartenait pourtant pas à ces variétés inférieures du genre humain dont nous avons signalé l'existence dans la péninsule indienne

(1) Voy. Earl cité par Crawfurd, *On the Negro Race*, etc. (*Brit. Assoc.* 1852, p. 86).

(2) Cf. Burnouf, *le Lotus de la bonne Loi*, p. 562.

(3) Cf. idem, *ibidem*, p. 569.

(p. 26) : il eût été inapte à formuler aucune doctrine morale ou philosophique.

Le reste du système pileux ne mérite pas moins que les cheveux de fixer l'attention de l'anthropologiste. Ainsi, un fait très-particulier, et auquel on ne semble pas, selon nous, s'être assez attaché, c'est, d'une part, l'abondance relative de la barbe chez les différentes espèces d'hommes, et, de l'autre, l'époque de son développement. Le Chinois, par exemple, est longtemps imberbe, et ce n'est que vers quarante ans qu'il voit se développer sur son visage quelques poils aussi rares que raides.

Chez les nègres, les Américains, la race polaire, le poil est également fort peu développé au visage. « La longueur de nos barbes, dit J. Ross (1), qui n'avaient pas été rasées depuis que nous avions laissé la *Victory* (30 jours), était, entre autres choses, une source de grand amusement ; et un Eskimau d'une autre tribu qui était au milieu d'eux, et dont la barbe était plus forte que de coutume, s'en prévalait pour se dire notre parent de ce côté. »

La barbe épaisse, fournie, semble, en y regardant bien, l'apanage exclusif de cette race qui, descendue de l'Imaüs, s'est répandue dans l'Europe entière, et dont les plus beaux représentants habitent encore les plateaux de l'Iran. Nos voisins les Sémites sont loin d'être aussi pourvus ; et ce n'est peut-être pas à tort que H. Smith a proposé (2) de faire du système

(1) *Narrative of a Second Voyage, etc.*, 1835, p. 427.
(2) Cf. *The Natural History of the Human Species.*

pileux abondant le caractère d'une race, de même que l'état *crépu* des cheveux deviendrait le caractère d'une autre.

Les systèmes de la vie animale offrent sans doute autant de variété chez les différentes races d'hommes que les systèmes de la vie de relation. Seulement, ces variétés sont beaucoup moins connues.

Qu'il nous suffise de rappeler ici la couleur plus foncée du sang et du sperme chez le nègre, déjà remarquée par Aristote, et vérifiée par Jacquinot; la teinte également plus foncée de ses centres nerveux, en sorte que toute l'économie du nègre est, jusque dans les parties les plus profondes et les plus dérobées à l'action solaire ou atmosphérique, imprégnée de pigment.

Signalons encore le développement des petites lèvres chez les femmes hottentotes, celui du prépuce et du clitoris chez les Sémites, et enfin le volume de la verge chez les Éthiopiens, volume tel qu'il irait presque à gêner l'union du noir avec la blanche, pendant que l'union du blanc avec la négresse resterait sans entraves. Cette remarque, toute conforme aux théories de M. d'Eichthal a été faite par un monogéniste (1); on est seulement en droit de s'en étonner. Comment concilier cette impossibilité, ne fût-elle qu'à moitié réelle, avec la notion de reproduction indéfinie et universelle, dont tous les monogénistes font — à tort, comme nous le verrons — un de

(1) M. Serre, dans ses leçons d'anthropologie au Muséum d'histoire naturelle.

leurs plus gros arguments en faveur de l'unité spécifique de l'homme?

II

Nous appelons différences physiologiques, certains modes fonctionnels d'un même organe, particuliers à certaines races. C'est là, comme on le voit, une distinction tout artificielle, puisque ces différences doivent nécessairement et forcément remonter à des différences matérielles, c'est-à-dire anatomiques. Seulement celles-ci, par leur peu de valeur ou quelque autre raison, ont été jusqu'à ce jour méconnues, pendant que leurs effets, plus sensibles, n'ont pu nous échapper.

Qu'un Eskimau, par exemple, mange en un jour la nourriture de six matelots anglais (1), il est évident que l'intestin, l'estomac, les glandes qui s'y abouchent, offriront des modifications spéciales en rapport avec cette nourriture si éloignée du régime frugivore pour lequel est fait l'organisme humain. Qu'un Tartare voie plus loin qu'un Européen armé d'une lunette (2), il est certain qu'une telle supériorité fonctionnelle ne dépend que de la qualité matérielle de l'organe, d'un mécanisme plus per-

(1) Ross, *Narrative of a Second Voyage, etc.*, p. 446.

(2) Le fait est rapporté par Pallas (*Mémoires du Muséum*, t. XVII, p. 238). Un Kalmuck vit un parti à 30 verstes (= 32 kilomètres), pendant que le général russe ne pouvait rien apercevoir avec sa lunette.

fectionné de l'appareil visuel, de la nature plus parfaite des milieux réfringents de l'œil.

On a souvent voulu rejeter sur l'éducation de la race ou de l'individu ces sortes de modifications. L'éducation de la race par elle-même, indépendamment de son milieu, nous paraît difficile à admettre, précisément parce que *éducation*, dans ce cas, supposerait lutte victorieuse contre le milieu. Chaque animal vient au monde comme ses parents y sont venus, ou au moins *sensiblement pareil* à eux. S'il apporte parfois, par hérédité, certains caractères particuliers, ils doivent forcément s'éteindre avec le temps, soit d'eux-mêmes, soit en tuant à la fin tous ceux qui les portent (c'est le cas dans les dégénérescences héréditaires). En effet, si ce perfectionnement de la race par l'individu était possible, il en résulterait que bientôt nos descendants ne seraient plus en rapport avec le milieu ambiant, ce qui est absurde (1).

Quant à l'éducation individuelle, elle a une influence incontestable, mais qui ne suffit pas à expliquer des variations aussi grandes. On ne voit nulle part que les Européens appelés à vivre avec les sauvages soient jamais arrivés à avoir des perceptions sensitives aussi fines, aussi délicates. Et d'ailleurs l'Américain, dans ses forêts où la vue est toujours bornée, a le regard aussi perçant que le Kalmuck

(1) Il serait intéressant de vérifier si le fait que rapporte Knox (*The Races of Men*, 1850, p. 271) est vrai, à savoir, que l'acuité du sens de la vue, que possèdent les Boshimans au plus haut degré, se perd immédiatement par un seul croisement avec les blancs.

sur sa steppe. La question de l'éducation d'un organe ou d'un système par l'individu lui-même sera sans doute éclaircie, un jour ou l'autre, par l'anatomie attentive. Et, puisque nous en sommes sur ces questions, rappelons qu'il reste encore une étude importante à faire, indiquée seulement jusqu'ici : celle de l'influence que peut avoir sur le développement ou la santé de l'enfant blanc, par exemple, le lait d'un animal ou d'une femme d'autre race.

Les différences que nous appelons physiologiques sont très-nombreuses, nous en citerons encore quelques-unes parmi les plus frappantes.

La principale est peut-être l'odeur particulière au nègre. Celle-ci est si forte, qu'elle imprègne pour longtemps un endroit où un nègre a habité même quelques heures seulement, et si caractéristique, qu'elle constitue à elle seule dans les affaires de traite une présomption grave. Humboldt a répété des Péruviens ce que Le Cat et Haller avaient dit des sauvages des Antilles, qu'ils pouvaient très-bien, grâce à cette odeur, suivre un nègre à la piste (1); et c'est là en même temps une preuve nouvelle de cette perfection sensitive de la race américaine. Cette odeur est indépendante de l'âge, et parfois insupportable chez de jeunes enfants; elle est indépendante de la sueur et enfin de tous les moyens de propreté que le nègre peut mettre en usage. Elle est due, selon toute appa-

(1) Le Cat, *Traité des sens*, 1744. — Haller, *Elementa physiologiæ*, t. V, p. 179. — Humboldt, *Relation personnelle*, t. III, p. 229.

rence, à la sécrétion des mêmes glandes qui, chez le blanc, donnent aux aisselles leur odeur caractéristique, mais absolument différente de celle du nègre (1). A ce propos, nous ne manquerons pas l'occasion de signaler encore une de ces contradictions dans lesquelles sont tombés tous les monogénistes, il ne peut d'ailleurs en être autrement. Le chien ne vient pas du chacal, dit quelque part (2) M. Flourens, « car le chacal a une odeur si particulière, qu'il ne semble guère possible que le chien, venu du chacal, n'en conservât pas au moins quelques traces. » Qu'on propose une raison de même ordre pour ériger le nègre en espèce, le même monogéniste voudra-t-il l'accepter?

Une autre particularité physiologique extrêmement remarquable et d'autant plus digne d'être notée, qu'elle a une certaine influence sur la physionomie, sur le *facies* d'une race, c'est un mode spécial de station, consistant à se tenir accroupi, la plante des pieds à terre et les cuisses repliées sur les jarrets, sans que les ischions touchent le sol. C'est ce que Cook appelait « une attitude de singe (3). »

On ne voit nulle part que les Grecs, les habitants de l'ancien continent en général, les Arabes hymiarites et même les anciens Égyptiens aient jamais été familiarisés avec cette posture qui, nécessairement,

(1) Voy. Ch. Robin, *Annales des sciences naturelles*, 1845, *Zoologie*, t. IV, p. 380.

(2) *Histoire des travaux de Buffon*, p. 92.

(3) « A monkey countenance. »

implique une modification anatomique, soit dans l'écartement du bassin, la direction du col du fémur, la torsion des os, etc... (1).

Cette posture semble, au contraire, avoir été de tout temps le partage des races mélaniennes : c'est la *station* ordinaire des habitants du cours supérieur du Nil et des nègres d'Afrique et d'Océanie. Ils se mettent ainsi pour regarder, pour causer, pour délibérer. Les magnifiques dessins qui illustrent le récit du voyage de l'ambassade anglaise envoyée à l'empereur d'Abyssinie (2), nous représentent ce prince passant en revue une armée entière de fantassins rangés en bataille et accroupis de la sorte.

Les anciens Égyptiens se tenaient ordinairement à genoux ou assis à terre, les jambes ramenées et les genoux se touchant au-devant de la poitrine, comme en font foi des milliers de statuettes, de figurines, de peintures. Mais leurs artistes viennent nous révéler que de tout temps il en a été comme aujourd'hui des peuples de l'Afrique centrale. Une grande peinture de Beït-Oually, en Nubie (3), représente Ramsès le Grand chargeant une troupe de nègres soudaniens. A l'écart, plus loin, on voit un nègre près d'une

(1) Soemmering (*Ueber die körperliche Verschiedenheit des Negers vom Europæer*, 1785, 42) remarque que chez le nègre, « der « Unterschenkel, oder das Schien- und Wadenbein, stehen unter « den Condylus des Schenkelbeines gleichsam wie nach aussen « zu verschoben. » On peut se demander si ce n'est pas l'explication du phénomène en question.

(2) *Sketches of Central Africa.*

(3) Elle estreproduite au *British Museum*.

marmite, préparant sans doute le repas : il est accroupi de la manière que nous venons de dire. Là, comme souvent, l'artiste égyptien a été habile à saisir une silhouette par son caractère significatif (1).

Géricault voulut un jour retracer un épisode du *Naufrage de la Méduse*, Coréard faisant une démonstration à un chef africain sur le sable; il mit dans sa composition un nègre accroupi, mais il le dessina un seul pied reposant en entier sur le sol, et l'autre portant seulement sur l'extrémité des métatarsiens. Ce jour-là Géricault n'avait dans ses souvenirs ou devant ses yeux que des modèles à peau blanche. Un nègre eût posé autrement, les deux pieds à plat.

On pourrait poursuivre indéfiniment l'histoire de ces variétés physiologiques; c'est un vaste champ à explorer, et, pour ne citer qu'un point, l'histoire comparée du développement dans les différentes races humaines est encore à faire; en particulier, l'histoire du développement intra-utérin du nègre, et même en partie l'histoire des premiers mois de sa vie aérienne.

(1) Nous ne connaissons qu'une seule peinture où des Égyptiens mêmes soient représentés dans une posture analogue : elle est au *British Museum* et provient d'un tombeau. C'est un groupe d'individus accroupis derrière un troupeau d'oies. Il est bon de remarquer toutefois que l'artiste a pu être un peu gêné dans sa composition, plus compliquée que d'habitude, et que les profils de ses personnages, empiétant les uns sur les autres, diminuent beaucoup la valeur de cette peinture pour la question qui nous occupe.

III

Si l'organisme, fonctionnant normalement chez les diverses races, présente de telles différences, comment ne pas supposer qu'il en offrira de corrélatives dans ses altérations morbides : n'y aura-t-il pas aussi une pathologie ethnique? — C'est là une question immense et qui remonte à peine à quelques années. Elle paraît avoir été pour la première fois posée et étudiée par l'Allemand Fr. Schnurrer, dans son traité de *pathologie géographique* (1) en 1813, où cet auteur semble avoir entrevu dans toute son étendue le fait qui nous occupe. Le livre est divisé en trois parties : la première est toute géographique, la seconde toute anthropologique, puis vient la troisième, consacrée à la description des maladies et commençant par deux chapitres d'introduction, l'un sur le caractère des maladies de chaque zone, et l'autre, long de 11 pages, intitulé : *Aperçu sur les caractères généraux des maladies de chaque race.*

En effet, «il est des races, dit le docteur Boudin (2), en signalant aussi la nouveauté de ces recherches, qui se montrent à un haut degré réfractaires à certaines formes pathologiques pour lesquelles d'autres offrent, au contraire, une prédisposition marquée.»

(1) *Geographische Nosologie oder die Lehre von den Veränderungen der Krankheiten in den verschiedenen Gegenden der Erde, in Verbindung mit physischer Geographie und Naturgeschichte des Menschen*, in-8°, Stuttgart, 1813.

(2) *Traité de géographie médicale*, 1857, Introduction, p. 29.

Deux maladies redoutables ont surtout été signalées à ce point de vue, l'*intoxication paludéenne* sous toutes ses formes, et la *fièvre jaune*. Les Africains sont évidemment, au moins en partie, exempts de ces deux affections qui ne les frappent qu'avec une intensité relativement minime.

On a prétendu que pour le paludéisme la question était encore douteuse; on accordait bien que les nègres étaient moins exposés à ses atteintes que les autres hommes, mais on voulait faire entrer là, dans le calcul des faits, une question d'acclimatation. Tous les pays de noirs que nous connaissons, étant à peu près soumis à l'influence délétère des marais, on prétendit que les nègres transplantés ailleurs avaient acquis dès l'enfance, dans leur patrie, une immunité dont ils bénéficiaient plus tard, et même un peu leurs descendants (1). C'est ainsi qu'on expliquait, par exemple, les tristes résultats de l'expédition anglaise du Niger en 1841. Sur 145 hommes blancs d'équipage, les trois navires, après une navigation moyenne de 49 jours en rivière, avaient perdu 40 hommes : 130 avaient été atteints. Des 25 hommes de couleur embarqués en Angleterre et nés pour la plupart en Amérique, 11 furent attaqués, mais au-

(1) Hirsch, *Handbuch der historisch-geographischen Pathologie*, § 10. — Avec l'auteur de cette prodigieuse compilation nous renvoyons le lecteur, à propos de cette immunité relative du nègre pour les fièvres de marais, aux travaux de Jobin, Tschudi, Mac Cabe, Hunter, Arnold, Cameron, Heymann, Epp, Bartlett, Thomson, Tidyman (*Philad. J. of Med. Sc.*, t. III, n° 6), etc.

cun ne succomba (1). Cette acclimatation individuelle ne peut être ou qu'une fiction, ou qu'une preuve à l'appui des idées que nous défendons. En présence d'une influence morbifique qui se manifeste et qui se prolonge, il ne saurait en effet arriver, pour toute population animale, que deux choses : ou la destruction, ou des modifications permanentes, c'est-à-dire spécifiques, de l'économie, en harmonie avec le milieu dans lequel cette population animale continue d'exister.

La fièvre jaune, exerçant ses ravages sur des rives également éloignées des peuples blancs et nègres, est venue apporter, dans la question, des arguments bien autrement décisifs. On sait en effet que les blancs éprouvent en Amérique toutes les violences du vomito, pendant que les nègres ne sont pas atteints, ou ne le sont que d'une manière insignifiante. Un mot féroce, un mot de conquistador, traduisit dès le seizième siècle cette prérogative qu'enviaient les Espagnols : « Aux îles, pour qu'un nègre meure, il faut le pendre (2). »

Si quelques auteurs ont timidement avancé, comme pour l'intoxication paludéenne, le bénéfice d'une acclimation antérieure (3), la plupart des observa-

(1) *Epidemiological Society*, 3 juin 1861. Cf. *Med. Times and Gazette*, 29 juin 1861, n° 574.

(2) « Si no acontecia ahorcar al negro, nunca moria. » Cf. Herrera, *Hist. gener. de los Hechos de los Castellanos*, dec. II, liv. III, chap. XIV.

(3) Bancroft (*Essay*... 273); Blair, *Some Account of the last yellow Fever Epidemic of British Guiana*, London, 1850; Jackson;

teurs, Fenner, Nott, Bryant, ont dû reconnaître qu'il y avait, dans la constitution même de l'homme noir, un obstacle — d'ailleurs absolument inconnu dans son essence — à la manifestation de la fièvre jaune (1), et que même le sang noir paraissait reporter sur les métis, fussent-ils nés au loin, cette force de résistance (2).

Une expérience extrêmement intéressante au point de vue de cette immunité du nègre pour la fièvre jaune vient d'être faite en grand pendant la désastreuse expédition du Mexique, et les conditions mêmes de cette expérience devaient lui donner une valeur capitale. D'abord nos soldats payèrent au fléau un terrible tribut : c'est alors que le gouvernement français eût l'excellente pensée de mettre à profit cette résistance des populations nègres au vomito. Il demanda au vice-roi d'Égypte un de ses bataillons noirs, recrutés sur les limites du Soudan, de Berber à Khartoum. Ce ne fut pas sans anxiété

— Cf. Hirsch, *Handbuch der historisch-geographischen Pathologie*, § 36.

(1) « It is a Well established fact, that there is something in the negro constitution, which affords him protection against the worst effects of yellow fever, but what it is, i am unable to say. » Fenner. — Cf. Hirsch, *Handbuch, u. s. w.* § 36.

(2) « The smallest admixture of negro blood, even though the subject be brought from a more northerly state, seems to be a potent antidote against the morbid poison. » Nott, *Sout. J. of Med.*, 1847, Fevrier. — « The coloured people resisted the epidemic influence better than whites; and i believe i may hazard the observation, that their degree in resistance was in proportion to the admixture of white blood. » Bryant, *Amer. J.*, 1856, Avril, 301. — Cf. Hirsch, *Handbuch, u. s. w.* § 36.

qu'on attendit l'issue de cette expérience physiologique qui ne se passait plus comme dans nos laboratoires, *in anima vili*. Les uns avaient confiance dans l'uniformité fonctionnelle de la race nègre, en dehors de toute action locale; les autres, croyant à tort, nous l'avons dit, à une acclimatation antérieure des seuls habitants de la côte occidentale d'Afrique, s'attendaient à voir périr ces nègres venus de l'autre côté du continent. Cependant, malgré ce qu'on avait tout d'abord annoncé, on put bientôt vérifier l'immunité presque absolue du bataillon nègre à la Vera-Cruz (1). C'est la première fois, si nous ne nous trompons, que l'anthropologie ait été directement appliquée dans l'ancien continent à la science sociale. Déjà, il y a longtemps, les anthropologistes du nouveau monde avaient été consultés par le gouvernement des États-Unis sur certaines questions d'esclavage, alors que de terribles dissensions germaient dans l'ombre.

(1) Cf. *Mémoires de Médecine et de Chirurgie militaire*, nov. et déc. 1863; — *Société d'Anthropologie*, séance du 19 mars 1864.

CHAPITRE V

VARIÉTÉS INTELLECTUELLES ET LINGUISTIQUES.

I

De tout temps le sens commun a éclairé les hommes sur les différences intellectuelles qu'ils présentent d'une nation à l'autre, d'une race à une autre. Presque tous les peuples, admettant qu'ils sont supérieurs à leurs voisins, reconnaissent par là une différence caractéristique entre eux et ceux qu'ils rabaissent ainsi au-dessous de leur niveau. Un sentiment de personnalité par trop avantageux peut les faire se tromper ; mais cette croyance est basée du moins sur un fait véritable : l'inégalité intellectuelle. Il y a là, en effet, des variétés sensibles, manifestes, que ne peuvent nier, et ceux qui cherchent dans les monuments littéraires d'une race l'histoire de ses idées et de ses tendances, et ceux qui se sont mêlés à d'autres nations, qui ont examiné leurs mœurs, leurs coutumes, leur religion. « Il suffit d'avoir vu des noirs, « dit le plus ardent de leurs défenseurs (1), d'avoir « vécu avec eux quelque temps, pour sentir qu'il y « a là une humanité différente de celle du blanc. »

On a pu se faire un temps illusion ; on a voulu, au

(1) M. d'Eichthal, *Lettres sur la race noire*, 1839, p. 15.

nom d'une morale de sentiment à laquelle, d'ailleurs, les événements ont toujours donné tort, relever les nègres à notre niveau. C'est d'eux qu'on s'est surtout occupé. Ne pouvant leur accorder l'égalité plastique, on se rejeta sur l'intelligence; on voulut se tromper soi-même, comme Desdemona s'écriant :

I saw Othello's visage in his mind !

On proclama les nègres nos égaux par le côté moral, seulement avec certaines nuances dépendant de circonstances particulières et passagères qui devaient disparaître bientôt. On annonça qu'à leur tour, ils feraient avancer les idées et travailleraient à ce qui s'appelle le *progrès*, c'est-à-dire à « l'accroissement du bien sur la terre (1). »

« A mesure que le travail fera prédominer dans la tête l'énergie vitale, disait M. Marcel de Serres en 1844, ces hommes à teint fortement coloré (2), à cheveux crépus ou laineux, ou à cheveux courts, tendront d'une manière manifeste vers la race blanche, ils marcheront avec elle dans le chemin du progrès (3). » Et plus loin : « Cette expérience commence à peine, déjà pourtant les effets en sont sensibles. » Par malheur, vingt ans passés sur ces paroles ne leur ont pas donné raison, et ce défi porté par un Américain n'a point encore été relevé : « Qu'on « me cite une seule ligne écrite par un nègre, et di-

(1) Edmond About, *Le Progrès*, 1864, p. 15.

(2) Ce sont les nègres dont il est question !

(3) *De l'unité de l'espèce humaine* (*Bibliot. univ. de Genève*, nouv. série, t. LIV, p. 145, 1844.).

« gne de mémoire (1)? » Ils ne sont pas plus avancés qu'au temps où Mahomet leur refusait le don de prophétie (2). Et, comme le remarque M. Hunt (3), ce n'est certes pas l'occasion de se civiliser qui leur a manqué depuis trois mille ans. au contact des Égyp-

(1) Gliddon, *Types of Mankind*, p. 59. — Carus a observé que, des nègres remarquables cités par Blumenbach, pas un seul ne s'était signalé en politique, ou en littérature, ou dans aucune conception supérieure de l'art. Cf. de Gobineau, *De l'inégalité des races humaines*, 1853, t. I, p. 122.

(2) Voy. de Maillet, *Telliamed*, Amsterdam, 1748, in-8, t. II, p. 187. A défaut des passages du Koran auxquels il est fait allusion, voici celui de de Maillet en entier : « Mahomet était si frappé de la différence de ces deux espèces d'hommes blancs et noirs, qu'il n'a pas craint d'avancer que Dieu avait formé les uns avec de la terre noire et les autres avec de la terre blanche. Il n'imaginait pas que des hommes si différents, non-seulement en couleur mais encore en figure et en *inclination*, eussent une même origine. Il observe dans un autre endroit que, quoi qu'il y ait eu des prophètes de toutes les nations, il n'y en a jamais eu parmi les noirs : ce qui marque qu'ils ont si peu d'esprit, que le don de prévoyance, effet d'une sagesse naturelle, que l'on a honoré en quelques-uns du nom de prophétie, n'a jamais été le partage d'aucun d'entre eux. » — Ce passage est d'autant plus remarquable, que cette habitude de prophétie constitue en quelque sorte un attribut spécial de la race sémitique (Cf. Renan, *Histoire générale des langues sémitiques*, in-8, Paris, 1855, p. 8), et qu'en faisant cette distinction, Mahomet énonçait un caractère presque spécifique. — Je trouve dans la traduction de l'*Évangile de l'enfance*, donnée par G. Brunet (*Évangiles apocryphes*, Paris, 1849, in-12), ce curieux document : Jésus vient de changer des enfants en béliers devant des femmes qui demandent pitié : « Ensuite le Seigneur Jésus ayant répondu *que les enfants « d'Israël étaient parmi les peuples comme des Éthiopiens*, les femmes dirent, etc... » Encore une preuve du mépris qui accablait en Orient cette race malheureuse.

(3) *On the negro's place in nature* (*Anthrop. Society of London*, 17 nov. 1863).

tiens, des Carthaginois, des Arabes, des Portugais, des Hollandais et des Anglais. N'objectons pas qu'ils ont toujours été esclaves, nos pères gaulois et germains le furent aussi, demandons-nous : pourquoi toujours esclaves ?

C'est peut-être à Linné que revient le mérite d'avoir le premier essayé de distinguer les races d'hommes par des caractères pris en dehors du monde physique, par la qualité des manifestations de leur intelligence. Avec cet esprit de laconisme qui le portait à grouper en une formule simple et facile les faits caractéristiques qu'il voulait, comme importants, graver dans la mémoire du lecteur, il a essayé de déterminer en quelques mots les tendances diverses des différentes races, et il faut avouer qu'il a été parfois heureux dans cette espèce de tableau synoptique (1).

A mesure que les connaissances modernes nous ont fait pénétrer plus avant dans l'esprit des peuples, quand on ne s'est plus contenté de les étudier superficiellement dans ces manifestations ordinaires de la vie qu'on pourrait appeler banales, et qui sont

(1) Voici ce tableau extrait du *Systema naturæ*. On sait que Linné avait adopté la classification géographique des races humaines.

Homo Americanus	*Pertinax*, contentus, liber; Regitur consuetudine.
Europæus	Levis, argutus, *inventor;* Regitur ritibus.
Asiaticus	*Severus,* fastuosus, avarus; *Regitur opinionibus.*
Afer	Vafer, segnis, negligens ; *Regitur arbitrio.*

à peu près de tous les pays, on s'est aperçu que des limites infranchissables séparaient les hommes les uns des autres sous le rapport intellectuel, et que de ce côté, comme par ses caractères physiques, chaque race à peu près se distinguait de ses voisines. « Différences profondes et immuables, disait, en 1854, M. Paul de Rémusat (1), qui suffiraient peut-être à elles seules pour fonder des classifications bien définies et profondément limitées. »

C'était indiquer encore une branche nouvelle de l'anthropologie, branche neuve et féconde qui vit aussitôt paraître un ouvrage destiné à jeter une vive lumière sur la question. Il fallait démontrer ces distinctions et ne pas se borner à les énoncer. Le mérite en revient à M. Renan, qui, dans son traité sur les langues de la grande famille sémitique, a dépeint des traits les plus heureux cette humanité si différente de la nôtre, moralement, quoiqu'elle en soit la plus rapprochée par la forme extérieure. La disparité intellectuelle des races est désormais un fait acquis.

La doctrine religieuse ou morale d'un peuple étant la manifestation suprême de ses tendances intellectuelles, on voit que l'étude des religions rentre tout naturellement dans l'anthropologie ; c'est une partie de cette étude comparée de l'esprit humain si négligée malheureusement, mais qui commence enfin à prendre une place digne de son importance dans la science.

(1) *Des races humaines*, dans la *Revue des Deux-Mondes*.

Ce ne sont pas là des questions théologiques ou religieuses que nous voulons agiter : l'anthropologiste doit les laisser à d'autres. Son devoir est d'essayer, là encore, de se placer en dehors du cercle étroit où la nature l'a fait naître; d'oublier, autant que possible, ses inclinations, ses sentiments personnels; de regarder autour de lui, de mettre le monde en scène et d'essayer d'être, comme Jésus sur la montagne, seul spectateur. Alors un curieux phénomène frappera ses yeux; les mêmes chaînes de monts, les mêmes fleuves qui séparent les races d'hommes, sépareront souvent aussi des religions diverses. Comme la mer qui se brise sur la rive, chaque croyance a vu ses disciples, armés du sabre ou des armes plus pacifiques de la persuasion, arrêtés devant certaines limites qu'il ne leur a jamais été donné de franchir. Il va sans dire que nous n'entendons parler ici que du prosélytisme vrai, des progrès véritables d'une religion dans sa forme et dans son esprit. Humboldt et Bonpland virent un jour, sur les Cordillères, une peuplade sauvage danser et brandir la hache de guerre autour de l'autel où un franciscain élevait l'hostie. De tels néophytes ne s'appellent chrétiens que dans les *Annales de la Propagation de la Foi*; pour l'anthropologiste ce ne sont point encore des convertis.

Le monothéisme pur semble de tout temps avoir été la religion de la race sémitique.

La plupart des races européennes, au contraire, ont professé, de toute antiquité, un polythéisme ou un panthéisme plus ou moins déguisé, plus ou moins avoué.

Enfin, à côté de ces peuples de l'Asie et de l'Europe, où les idées religieuses et la civilisation semblent s'être développées simultanément, quoique dans des directions différentes, on trouve d'autres hommes qui n'ont ni idées religieuses, ni dieux, ni culte.

Trois vastes régions de la terre, habitées par des populations encore sauvages, paraissent être restées jusqu'à notre époque, franches de croyances religieuses : c'est l'Afrique centrale, l'Australie et les terres boréales, c'est-à-dire les trois parties du monde les plus difficiles à explorer, les seules qui ne l'aient pas encore été tout entières. Et c'est là même une condition de cette virginité, elle suppose une espèce de séquestration du reste du monde, qui n'a pas même laissé place à cette civilisation par contact et par imitation, dont nous avons déjà parlé (voy. p. 21). Qu'on admette des relations établies par ces peuples avec leurs voisins, bientôt ils auront importé de l'étranger des conceptions qu'ils n'eussent jamais formulées avec la seule part d'intelligence que leur a donnée la Nature.

Pour ce qui est des habitants de l'Australie, Latham reconnaît que l'opinion générale est en effet qu'ils ne sont pas même encore arrivés à façonner les plus rudes éléments d'une *religion* (1), opinion,

(1) Je rends ainsi le mot *mythology* employé par Latham : c'est la vraie traduction. Toute religion est nécessairement basée sur

dit-il, qui engendre cette notion que leurs intelligences sont trop inertes (sluggish), même pour l'évolution d'une superstition. Il est bien vrai que l'expédition américaine du capitaine Gray crut enfin découvrir chez eux des idées religieuses. Mais il apparaît du récit même de Gray que le chant qui constitue toute cette tradition fut apporté de loin par des étrangers : sans doute d'autres Australiens déjà influencés dans leur patrie par les idées chrétiennes des blancs ou les idées bouddhiques des Malais.

Raconter l'histoire de l'introduction d'une idée chez un peuple, c'est justement constater que cette idée n'existait pas avant, ce qu'il nous suffit de savoir. Les témoignages des missionnaires (1) sont d'ailleurs conformes à ce que nous venons d'énoncer, et nous ferons remarquer, en passant, l'importance de ces assertions venant d'hommes dont toute l'étude est de rechercher d'abord, dans les peuples qu'ils veulent convertir, des idées analogues à celles qu'ils viennent propager... « Ils n'ont pas d'idée d'un être divin, dit l'un d'eux, ils paraissent n'avoir pas la compréhension des choses qu'ils contient à la mémoire, j'entends en tout ce qui touche la religion. » — « Que peut-on faire, dit un autre, d'une nation dont la langue ne connaît pas de termes correspondants à justice, péché... et à l'esprit de laquelle les

une *fable* pour celui qui ne la pratique pas. — « Mutato nomine, « de te fabula narratur. »

(1) Les révérends Schmidt, Parker, etc...

idées exprimées par ces mots sont complétement étrangères et inexplicables... ? »

Pour le centre de l'Afrique nous nous bornerons à rapporter quelques témoignages relatifs à cette nullité de croyance religieuse, recueillis en différents points à la périphérie de ce vaste triangle, à peu près inexploré et inconnu, que décriraient des lignes reliant le Sénégal, Zanzibar et le Cap.

Un missionnaire américain (1), qui a vécu quatre ans au milieu des Mpongwes, un des peuples importants du milieu de l'Afrique avec les Mandingo et les Grebo, et qui savait parfaitement leur langue, déclare catégoriquement qu'il n'y avait parmi eux ni religion, ni prêtres, ni idolâtrie, ni assemblées religieuses. — Livingstone dit la même chose des Béchuanas (2).

Les missionnaires autrichiens établis sur les rives lointaines du fleuve Blanc ont rencontré la même nullité, le même vide (3).

Enfin, chez les Cafres, le nom qu'ils donnent à l'Être divin, ainsi que les Hottentots, est un témoignage irrécusable qu'ils n'avaient autrefois aucune idée de rien de semblable. Ce nom est Tixo, et son histoire est trop curieuse pour n'être pas rapportée; c'est un composé de deux mots qui, ensemble, signifient *le genou blessé*. C'était, dit-on, le nom d'un

(1) John Leichton.

(2) Cf. Bertillon, *Bulletin de la Société d'Anthropologie*, 15 mars 1860.

(3) Je tiens ce fait de la bouche même de M. de Lesseps à son retour d'un voyage à Khartûm.

médecin ou sorcier célèbre parmi les Hottentots et les Namaquas, il y a quelques générations, en conséquence d'une blessure qu'il avait reçue au genou. Ayant été tenu en grande réputation pour son pouvoir extraordinaire pendant sa vie, le Genou-blessé continua d'être invoqué, même après sa mort, comme pouvant encore soulager et protéger ; et, par la suite, son nom devint le terme qui représenta le mieux à l'esprit de ses compatriotes leur confuse conception du Dieu des missionnaires !

Pour les Eskimaux, dès 1612, Whitebourne écrivait « qu'ils n'avaient aucune connaissance de Dieu, « et ne vivaient sous aucune forme de gouvernement « civil. » Et nous pouvons joindre à ce témoignage déjà ancien les lignes suivantes du journal de John Ross qui habita longtemps au milieu d'eux : «Comprirent-ils quelque chose de tout ce que j'essayai de leur expliquer, leur expliquant les choses les plus simples, de la manière la plus simple que je pus m'imaginer ? Je ne saurais le dire. Aurais-je mieux réussi, si j'avais mieux compris leur langue, j'ai beaucoup de raisons pour en douter. Qu'ils possèdent quelque rudiment d'une loi morale *écrite dans le cœur*, je ne saurais le nier, et de nombreux traits de leur conduite le montrent ; mais au delà de ces indices, je n'ai jamais pu arriver à une conclusion satisfaisante. Quant à leurs opinions sur les points essentiels dont j'aurais pu déduire l'existence d'une religion, je ne suis jamais parvenu même à asseoir une conjecture qui valût la peine d'être rapportée. Force me fut, pour le moment, d'abandonner toute tentative en désespoir de cause (1). »

Ce fragment est d'autant plus important pour la thèse que nous défendons, qu'on croit y sentir à chaque mot le chagrin d'nu homme qui n'a pas trouvé dans le cœur d'autres hommes un écho fraternel à ses sentiments les plus chers. C'est en effet, une difficulté particulière à l'étude des questions de ce genre. C'est là qu'il faut être attentif à discuter la valeur des témoignages qu'on invoque, et se défier des esprits qui commencent par déclarer *a priori* l'universalité de croyances, d'espérances et de craintes parmi les hommes, comme conséquence naturelle de l'unité primitive de l'espèce humaine. C'est là surtout qu'il faut procéder à une discussion minutieuse des récits des voyageurs auxquels nous sommes bien forcés de nous en rapporter. Ainsi, par exemple, il est évident que plus le témoignage invoqué est ancien, meilleur il est ; mais il arrive en même temps que plus il remonte loin, moins il y a de chan-

(1) « Did they comprehend any thing of all that I attempted to explain, explaining the simplest things in the simplest manner that I could devise? I could not conjecture. Should I have gained more, had I better understood their language? I have *much reason* to doubt. That they have a moral law of some extent « written in the heart », I could not doubt, as numerous traits of their conduct show; but beyond this, I could satisfy myself of nothing; nor did these efforts, and many more, enable me to conjecture aught worth recording. Respecting their opinions on the essential points from which I might have presumed on a religion, I was obliged at present to abandon the attempt, and I was inclined to despair. » John Ross, *Narrative of a Second Voyage*, 1835, p. 548.

ces pour qu'il émane d'un esprit impartial et indépendant, dégagé de tout préjugé.

Heureusement, l'exagération même de ces idées suffit le plus souvent à nous mettre en garde contre elles, comme ce candide jésuite dont la foi aussi ardente que peu éclairée avait cru retrouver au fond du Brésil les traces de la prédication de saint Thomas (1). R. King dans un mémoire, d'ailleurs très-bon, sur les Eskimaux (2), dit que ces peuples ont conservé, comme bien d'autres races non civilisées, un vague souvenir de la création et du déluge, et qu'ils croient à des récompenses et à des punitions futures. Dans son zèle religieux, R. King oublie que, si les Eskimaux avaient même pu apporter de la vallée de l'Euphrate une tradition confuse du déluge et de la création, certes, il était impossible qu'il en fût de même de la croyance en des récompenses et des punitions futures, croyance que les Juifs n'ont jamais soupçonnée avant leur contact avec la civilisation assyrienne.

On peut lire dans l'excellent ouvrage du docteur Brecher (3) toute l'histoire du développement de

(1) Emmanuel Nobrega écrivait du Brésil à la Compagnie en 1552 : « Les habitants ont notice de saint Thomas qu'ils appellent Zomé (en changeant Th en Z, ce qui est le propre du dialecte), et ils tiennent de leurs ancêtres qu'il fit route par ici ! » Sa lettre est rapportée tout entière par Nicremberg, *Historia naturæ*, fol., Antuerpiæ, 1635.

(2) *On the Intellectual Character of the Esquimaux* (*Edinburgh New Philosophical Journal*, t. XXXVIII, octobre 1844-avril 1845, p. 306).

(3) *L'immortalité de l'âme chez les Juifs*, trad. par J. Cahen, in-12, Paris, 1857.

cette croyance à l'immortalité de l'âme. Si le docteur allemand cherche pieusement à prouver que les Juifs ont dû, moralement, croire de tout temps à l'immortalité, du moins son zèle ne va pas jusqu'à inventer des preuves véritables qui manquent réellement. Le fameux *Scheol*, dont il est si souvent question dans les anciens livres hébreux, ne paraît être que l'empire des morts, et non celui des âmes comme l'enfer, le Tartare, les champs Élysées, le paradis ; le *Scheol* n'est qu'une représentation idéalisée du Tombeau. Même à l'époque où les Juifs avaient généralement adopté les idées de leurs voisins, durant la période talmudique, la croyance en l'immortalité de l'âme, si elle existait, n'était ni bien épurée ni même bien raisonnée, puisqu'on refusait à ceux qui niaient la résurrection et le jugement dernier toute participation à la vie future, « ce qui équivalait à un *anéantissement total* (1). » Croire comme cela, n'est pas croire à l'immortalité, puisque l'on regardait ainsi la vie éternelle non comme la suite nécessaire de celle-ci, mais comme une récompense pour les *bien pensant* et les ayant foi. Une telle inconséquence est la preuve la plus manifeste qu'à cette époque même ces idées n'avaient pas subi l'évolution qui les a amenées depuis au point actuel. On ne s'était pas encore dégagé complètement des anciennes croyances que les saducéens n'avaient au reste jamais abandonnées : ils furent comme les

(1) Cf. Brecher, *L'immortalité de l'âme chez les Juifs*, p. 81.

conservateurs fidèles de la foi antique, de la tradition pure des Ben-Israël. « Ils ont cette opinion que les âmes meurent avec le corps, écrivait Josèphe (1), et pensent qu'il ne faut rien garder que la loi. »

On nous pardonnera d'insister autant sur ce sujet, mais il importe à la thèse que nous défendons, de montrer que la croyance à l'immortalité de l'âme et à une divinité n'est pas universelle sur le globe, qu'on n'en saurait faire — comme l'ont cru quelques anthropologistes éminents — un caractère général de l'humanité, et qu'on doit encore moins s'appuyer sur l'existence de telles idées pour ériger un *règne* humain (voy. p. 33).

Nous n'avons parlé que de peuples tout à fait barbares ou d'idées judaïques qui se perdent déjà loin dans le passé. Dans notre temps même, il y a sur terre deux cent millions de bouddhistes, arrivés à un point merveilleux de civilisation, qui ignorent de la manière la plus absolue la notion d'une autre vie et celle d'une divinité. Eugène Burnouf, dont on ne niera pas la compétence, l'avait déjà dit; M. Barthélemy Saint-Hilaire, après de longues hésitations qui resteront comme le sceau d'une conviction fermement assise, s'est enfin prononcé dans le même sens dans la dernière édition du *Bouddha et sa religion* (2). Nous citons textuellement : « Il n'y a pas la moindre trace de la croyance à Dieu dans tout le boud-

(1) Josèphe, *Antiquités*, XVIII, ch. II, trad. par D. G. Génebrard, Paris, 1639.

(2) Chapitre sur le Nirvâna.

dhisme, et supposer qu'il admet l'absorption de l'âme humaine dans l'âme divine ou infinie, c'est une supposition toute gratuite qui n'est pas même possible dans la pensée du bouddha. Pour croire que l'homme peut se perdre en Dieu à qui il se réunit, ne faudrait-il pas commencer par croire en Dieu lui-même. Mais c'est à peine si l'on peut même dire que le bouddha n'y croit pas. Il ignore Dieu d'une manière si complète, qu'il ne cherche même pas à le nier, il ne le supprime pas : il n'en parle pas ni pour expliquer l'origine et les existences antérieures de l'homme, ni pour expliquer sa vie présente, ni pour conjecturer sa vie future et sa délivrance définitive. Le bouddha ne connaît Dieu d'aucune façon, et, tout entier à ses douleurs héroïques et à ses sympathies, il n'a jamais porté ses regards ni si haut ni si loin. »

Et l'auteur ajoute les lignes suivantes qui ont une portée directe en anthropologie et qui sont comme la conclusion de tout ce que nous venons d'exposer : « L'esprit humain, n'a guère été observé que dans les races auxquelles nous appartenons nous-mêmes. Ces races méritent, sans doute, de tenir une très-grande place dans nos études, mais, si elles sont les plus importantes, elles ne sont pas les seules. Les autres ne doivent-elles pas être observées, tout inférieures qu'on les suppose? Si elles ne rentrent pas dans des cadres prématurément tracés, faut-il les défigurer pour les soumettre à des théories trop étroites? ou ne vaut-il pas mieux reconnaître que les anciens systèmes sont en défaut, et qu'ils ne sont pas assez compréhensifs pour tout ce qu'ils prétendent expliquer (1). »

La question des différences intellectuelles, comme d'ailleurs tous les autres points des études anthropologiques, a grandement exercé le génie inventif des monogénistes; car c'est à eux, il faut l'avouer, que reviennent tous les efforts d'imagination. Il n'est pas plus difficile d'admettre le développement sur notre planète d'une seule espèce ou de vingt espèces humaines que le développement d'une mousse ou d'une algue : ce sont là des phénomènes de même ordre et également en dehors des limites actuelles de nos connaissances; mais, ce premier pas franchi, l'anthropologie s'ouvre au polygéniste simple et facile, il suit sans peine les phénomènes de la cause à l'effet, tout rentre dans l'ordre général, tout est merveilleux de simplicité malgré une apparente complication. Il n'en est pas de même pour le monogéniste : sans cesse dominé par sa théorie, il marche péniblement, et à chaque pas un nouvel obstacle s'élève devant lui. Croit-il avoir triomphé des différences physiques, arrivent ces variétés psychologiques dont nous parlons; puis ce seront tout à l'heure les familles de langues aussi diverses, aussi radicalement distinctes, aussi difficiles à expliquer; et partout l'obstacle a beau être grand, a beau paraître insurmontable, il faut passer, il faut le franchir au nom du principe admis, coûte que coûte.

(1) Barthélemy Saint-Hilaire, *Bouddha et sa religion*, 1862, chapitre sur le Nirvâna.

C'est ainsi que les monogénistes sont quelquefois arrivés aux plus curieuses conséquences, mais les plus tristes en même temps.

Et si nous voulions, nous aussi, faire de la science de sentiment, nous demanderions quel est le plus raisonnable, le plus digne et le plus consolant : ou de nous croire nous seuls parfaits, et de ne voir autour de nous que des frères déshérités couvrant les neuf dixièmes de la surface du globe ; ou de considérer toutes ces existences qui se produisent variées autour de nous, comme formant des espèces égales, sinon semblables à la nôtre, poursuivant, elles aussi, leurs destinées, — différentes, en un mot, mais non dégradées, non dégénérées, sous certains rapports même mieux partagées que nous.

Dieu, disait Niebuhr, a marqué à chaque race d'hommes sa destination avec le caractère qui lui convient, et le philosophe avait même appris aux leçons de l'histoire que, quand la civilisation a été introduite violemment du dehors chez un peuple sauvage, elle a pour conséquence immédiate la dégénérescence physique, c'est-à-dire l'anéantissement de ce peuple sorti de ses voies (1). L'historien proclamait ainsi une loi physiologique que la plupart des monogénistes se sont complu à oublier : c'est que toute *dégénérescence* aboutit forcément à la mort :

(1) Niebuhr citait à l'appui les Nalhkis, les Guaranis dans les missions de la nouvelle Californie et du Cap. — Schlegel (*Essais*, Paris, 1842, p. 341) déclare de même que la plupart des peuples barbares doivent rester éternellement sauvages par la volonté de la Nature.

elle se suicide elle-même et toujours, à la dixième génération si ce n'est pas à la première. Aucun groupe d'êtres humains, après deux ou trois siècles d'existence sans mélanges, ne doit, ne peut être considéré comme dégradé ou dégénéré. Pas plus que nous n'admettrons jamais qu'on puisse retrouver, sur une jeune fille atteinte de crétinisme au plus haut degré, les caractères des Eskimaux et de la race mongole (voy. *Comptes rendus de l'Académie des sciences*, séance du 20 juillet 1857).

On le voit, même à ce point de vue humanitaire, ce point de vue auquel nous refusons de nous placer, ce seraient encore les polygénistes qui auraient l'avantage. L'esprit n'est pas choqué et ne peut l'être de voir certaines créatures posséder, à l'exclusion des autres, telles ou telles facultés. L'harmonie ne dérive-t-elle pas d'une inégalité nécessaire des parties en tant que valeur absolue, pendant qu'elle-même restitue à chaque partie une valeur égale en les faisant toutes concourir au même but unique, à la même *action*, dans laquelle sont distribués de grands et de petits rôles, des parties brillantes, d'autres humbles et cachées (1)?

Cette belle race de l'Amérique du Nord, qu'admi-

(1) « J'affirme, s'écrie Courtet de l'Isle (*Tableau ethnographique du genre humain*, in-8, Paris, 1849, p. 89), que les races humaines sont inégales de puissance intellectuelle, qu'elles ne sont pas conséquemment susceptibles du même degré de développement, et que chacune d'elles est appelée à remplir, dans des conditions inégales, une mission marquée par la Providence. »

rent tant tous ceux qui ont vécu au milieu d'elle, ne sera plus, comme pour le docteur Martius (1), la digne descendance du premier assassin, ramas de maniaques et de fous amenés à cet état par la misère et la réprobation de Dieu. — Nous ne verrons en elle que des hommes autrement doués que nous, plus en rapport avec la nature qu'ils animent, ayant sans doute leurs imperfections comme nous avons les nôtres, mais nous donnant aussi l'exemple de qualités exquises : fermeté, courage à toute épreuve, patience sans bornes, et, avant tout, un amour effréné de leur liberté. Les blancs et les noirs savent être esclaves, l'Américain n'a jamais servi un maître (2).

Le nègre lui-même a ses avantages, et nous ne pourrions peut-être lutter avec lui pour ce qui est des facultés affectives ou haineuses. M. de Gobineau nous semble s'être étrangement mépris dans le portrait qu'il a essayé de tracer de l'homme noir :

(1) Le docteur Martius est un exemple curieux des extravagances auxquelles peuvent conduire les idées monogéniques. Pour expliquer simplement le caractère moral des Américains, il est obligé de supposer un cataclysme épouvantable survenu on ne sait pas quand, et il ajoute : « Est-ce la terreur profonde « ressentie par les malheureux échappés à cette affreuse ca- « lamité, qui, se transmettant sans diminuer d'intensité aux « générations suivantes, a troublé leur raison, obscurci leur « intelligence, endurci leur cœur ? » Cf. Morel, *Traité des dégénérescences de l'espèce humaine*, 1857 ; et *Discours inaugural à l'Académie de Rouen*, 1857.

(2) D'Orbigny vit les Charruas soutenir la guerre avec les Espagnols qui les décimaient, plutôt que de renoncer à leur chère indépendance. *Voyage dans l'Amérique méridionale*, t. IV, Introduction, p. 4.

il a fait sa race hideuse, elle n'est qu'inférieure par rapport à nous, égale à d'autres, supérieure à d'autres encore, ne partageant pas sans doute tous les avantages de la race iranienne ou de la race sémitique, mais pouvant étaler d'autres qualités qui lui appartiennent plus particulièrement.

Au lieu de ce spectacle qu'on veut nous donner, d'êtres dégradés couvrant la moitié de la terre, nous voyons simplement, pour notre part, l'intelligence se développer dans chaque race suivant certaines directions, certaines tendances, aux dépens des autres; nous voyons que chaque race est à la fois supérieure et inférieure à une autre, selon le côté sous lequel on l'envisage; en un mot, que chacune a, au point de vue de l'intelligence, un avoir différent. Nous disons de l'esprit ce que Gœthe disait de l'organisme : le total général du budget est fixe, mais des sommes partielles sont employées à des dépenses diverses; un côté n'est plus riche qu'aux dépens des autres.

Ces tendances spéciales sont quelquefois bien remarquables. Dans ses rapports avec les Eskimaux Innuit, John Ross, dont nous avons eu déjà plusieurs fois l'occasion de signaler l'esprit profondément observateur, trouva qu'ils étaient à peu près tous géographes et bons géographes. Il leur mit entre les mains un crayon et du papier (dont certes ils ignoraient l'usage), et ils dessinèrent avec une grande exactitude les baies, les rivières, les îles, les lacs de leur pays, ainsi que les endroits précis où ils avaient campé dans une émigration précédente. Cela fait un curieux contraste avec la plupart des populations africaines et arabes, qui semblent n'avoir qu'une notion vague de la distance et du temps : la difficulté des informations routières chez les peuples du Soudan, que nous avons éprouvée nous-même, est presque devenue proverbiale (1).

Sans aller si loin, nos voisins les Sémites diffèrent de nous-mêmes par la tournure, par la qualité de leur esprit, à un point extraordinaire : d'une part l'Arien analyste, panthéiste, enclin à la reproduction plastique ou perspective de ce qui l'entoure ; d'autre part le Sémite sensualiste, monothéiste, iconoclaste. S'il est impossible et radicalement impossible au Sémite de nous suivre dans les profondeurs de la métaphysique, sa langue même s'opposant à toute démonstration philosophique, à notre tour, peut-être, sommes-nous moins religieux, c'est-à-dire moins émus par l'univers. Jamais au Sémite ne viendra, comme elle est venue à Bossuet, à Fénelon, à Newton (2), la pensée de démontrer Dieu et d'en faire la preuve. Le Sémite sent Dieu, si l'on peut s'exprimer ainsi ; et, comme absorbé, anéanti par cette force créatrice personnifiée dont le fantôme pèse sur lui, il ne comprend pas les arts de reproduction, entre tous peuples qui y excèlent.

Enfin l'histoire elle-même vient nous enseigner

(1) Cf. D'Escayrac de Lauture, *Le Désert et le Soudan*; *Mémoire sur le Soudan*, etc.

(2) Voy. *Philosophiæ naturalis principia mathematica*, in-4°, Amstelodami, 1723, p. 482-483.

que ces tendances sont tellement accusées, tellement générales, qu'on les retrouve partout et toujours et quand même, ici surmontant la conquête, là modifiant jusqu'aux religions importées. Quand une religion, en effet, conforme au génie des hommes auxquels elle s'adresse dès son berceau, passe de cette race à une autre, elle se modifie nécessairement. Le monothéisme pur, né en Orient, n'a conquis l'Occident et la race iranienne qu'en se transformant au gré de celle-ci. Les Perses ont accepté l'Islam, mais ils n'ont pu renoncer à ce besoin de reproduction plastique qui est un des caractères du sang iranien : un schisme devait se former, qui autoriserait tous les arts et laisserait libre cette tendance native que rien ne pouvait étouffer. Plus que les monstres des rêves d'Isaïe, les lions de l'Alhambrah furent une prophétie terrible. Les voyants purent lire dans ces grossières figures la vitalité de ce peuple conquis, dont l'esprit amoureux de la forme vivante envahissait déjà le palais des vainqueurs, et qui devait bientôt les chasser.

La race qui florissait à Athènes et à Rome n'a accepté le christianisme, venu aussi de l'Orient, qu'en le dépouillant de son caractère originel, et cette religion serait incapable aujourd'hui de faire des prosélytes dans cet Orient où elle a pris naissance. La prédication de Mahomet elle-même ne fut, comme l'a remarqué M. Renan, qu'une réaction du monothéisme pur contre le christianisme dégénéré, cachant mal ses tendances polythéistes.

En résumé l'étude psychologique des races humaines est une science nouvelle, approfondie sur quelques points, mais nulle partout ailleurs. Vouloir l'esquisser, ce serait tomber dans l'alternative ou de répéter ce que d'autres ont fait avec perfection, ou de se tromper, faute des matériaux nécessaires. On ne peut guère citer comme ayant été sérieusement étudiées jusqu'ici, que la race iranienne par tous nos moralistes et nos philosophes, la race sémitique par M. Renan, et l'américaine par Humboldt et Bonpland (1), par d'Orbigny (2), par Morton (3) et par Combe (4).

II

L'étude des langues se rattache par un côté à la physiologie des races humaines, mais plus immédiatement encore à l'étude des variétés de l'esprit humain dont elles sont en quelque sorte l'organe. Elles peuvent par ce côté aider aussi à classer les hommes en groupes naturels.

Mais où l'étude des langues touche le plus vivement l'anthropologiste, c'est quand elle s'occupe de l'origine des variétés du langage, de l'état primitif (intellectuel et social) de l'homme parlant; quand elle

(1) Voy. *Essai politique sur le royaume de la Nouvelle-Espagne*, Paris, 1811.

(2) *Voyage dans l'Amérique méridionale*.

(3) *Crania Americana*, Introduction.

(4) *Mémoire* sur l'ouvrage précédent.

va sonder le passé chaque jour plus en arrière, chaque jour plus près des origines. Ainsi liées, les deux sciences devaient avoir même destinée ; la linguistique a eu ses monogénistes et ses polygénistes. Les premiers ont dû céder, écrasés par le nombre et la supériorité de leurs adversaires. On n'en compte plus, et le champ reste libre aux seconds, qui affirment, de par leurs études, les origines multiples du langage humain, laissant les conséquences à déduire ou les déduisant eux-mêmes (1).

Une seule affirmation nous suffira, celle de l'historien des idiomes sémitiques. « Si les planètes, dont la nature physique semble analogue à celle de la terre, dit M. Renan (2), sont peuplées d'êtres organisés comme nous, on peut affirmer que l'histoire et la langue de ces planètes ne diffèrent pas plus des nôtres que l'histoire et la langue chinoises n'en diffèrent. » Il est impossible d'établir d'une manière plus nette et par une image plus frappante l'individualité des différentes familles de langues, dont aucune n'a rien dû à l'origine à ses voisines et qui ne se sont probablement trouvées en présence que quand elles étaient constituées déjà, apportant avec elles leur caractère propre, leur type fondamental et profond, aussi inaltérable par le contact que le type physique des hommes qui les parlaient. Ceux-ci en présence ont pu échanger des traditions, des souvenirs, des mots, mais ce ne furent jamais là que de

(1) Voy. Chavée, *Les Langues et les Races*, 1862.
(2) *Histoire des langues sémitiques*, Paris, 1855, p. 467.

simples emprunts; on doit affirmer que ces hommes étaient absolument étrangers les uns aux autres le jour où ils parlèrent pour la première fois sur leurs différents berceaux.

Nous devons nous borner à consigner simplement ici le résultat obtenu, à savoir, que chaque système de langues est absolument irréductible aux autres et par le fond et par la forme : nés tous de la pensée humaine, cela est vrai, mais celle-ci suivant sur chaque point une marche particulière, en sorte que chacun de ces systèmes, comme l'a dit M. Renan, ne touche aux autres que par la communauté du but à atteindre.

Certaines familles de langues ne se différencient pas seulement par leur constitution, elles offrent encore des qualités phonétiques ou physiologiques (1) toutes spéciales, c'est-à-dire qu'on peut observer entre deux langues différentes, des variétés de même ordre que celles qu'on exprime, en parlant des animaux, par les mots d'aboiement, de braiment, de roucoulement, etc. Tel serait le cas en particulier, pour ce langage si bizarre que parle la race à teint clair du sud de l'Afrique, probablement beaucoup plus répandue autrefois qu'aujourd'hui.

Ce langage ne ressemble à rien de ce que l'on connaît, il consiste en un *gloussement* qui n'a, dit-on, d'analogue chez aucune autre nation de la terre. Les Anglais l'ont caractérisé par les épithètes de

(1) Voy. C. Prichard, *The Eastern Origin of the Celtic Nations*, edited by Latham, 1857.

« *sighing* », de « *clucking* », et l'ont même appelé d'un nom spécial, « *click language* » (1). — Nouvelle différence, différence radicale en rapport avec tant d'autres, qui forment bien décidément de ces Boshimans un peuple qu'il est impossible de rallier n'importe comment, n'importe par quelle face, à aucune autre des divisions de la grande famille humaine.

(1) « The sound of their voice resembles sighing; » — « Their language ressembles the clucking of a turkey. » Cf. White, *Account of the Regular Gradation of Man*, London, 1799, p. 67. — Appleyard, *The Kafir Language*, in-8, King William's Town, 1850, p. 3. — Morel, *Traité des dégénérescences de l'espèce humaine*, Paris, 1857, p. 42. — « Les Cafres ont adopté quelques-unes de ces inflexions en usage chez leurs voisins, mais comme un simple ornement qu'ils mêlent au discours, sans attribuer à ces gloussements aucune signification spéciale. » Is. Geoffroy Saint-Hilaire, Correspondance.

CHAPITRE VI

INFLUENCE DU CLIMAT.

Les monogénistes, partant de l'unité d'origine comme d'un fait sinon démontré, au moins accepté et qu'on ne pouvait révoquer en doute, furent nécessairement conduits à trouver une explication physique des différences profondes que nous remarquons aujourd'hui entre les hommes, et qui les auraient amenés, suivant les monogénistes, d'un état extrême à l'autre, ou d'un état moyen aux deux extrêmes.

Or il importe de rappeler que toute question d'influences implique toujours une notion historique préalable. On ne peut constater qu'une modification s'est produite ou non dans un corps (ici c'est l'humanité), qu'en le comparant à lui-même à deux moments de la durée plus ou moins distants. Quand un monogéniste admet à l'origine une espèce humaine uniforme, il pose un terme de comparaison dans le passé, il donne à cette espèce humaine uniforme une date historique, plus ou moins définie peu importe. Et, c'est parce que les cosmogonies religieuses osent seules aujourd'hui s'arroger la prétention de faire remonter l'histoire à l'humanité commençante, que nous aurons toujours grand'peine à ne pas voir au fond des idées des monogénistes un souvenir théologique. Ou alors qu'ils nous disent où ils ont découvert la trace de cette humanité uniforme, sur quoi ils s'appuient pour affirmer ce grand fait historique. Pour nous l'histoire est loin d'avoir commencé avec l'homme ; elle ne remonte tout au plus qu'à deux ou trois siècles avant l'invention du *langage figuré*, invention plus importante pour l'homme et plus difficile que ne le fut l'invention du langage articulé, trouvé bien avant et sur tant de points divers. C'est l'*écriture* qui fit des Asiatiques et des peuples détruits de l'Amérique centrale, autre chose que des sauvages. Et si l'on nous demandait une distinction spécifique au point de vue de l'intelligence, entre l'homme et les animaux, ce n'est que là que nous saurions la trouver. On verra plus tard que nous sommes loin de nier l'influence des milieux, mais nous prétendons que tout terme de comparaison manque jusqu'à ce jour pour affirmer que l'homme, depuis les temps historiques les plus reculés, ait jamais offert moins de dissemblances qu'aujourd'hui.

La plupart des monogénistes, tout en variant sur l'ensemble des causes modificatrices, s'accordent généralement à reconnaître que les climats et l'hybridité ont, en fait de races d'hommes, une influence créatrice décisive. Ces deux modes d'influence méritent seuls de nous arrêter. Nous commencerons par les climats, rejetant plus loin l'étude de cette question spécieuse de l'hybridité, dont on interprète si mal le rôle, en croyant qu'elle crée des variétés quand elle ne peut qu'atténuer des différences.

Un rôle important dans le sens d'une modification d'une race en une autre, était déjà attribué par Hippocrate aux influences extérieures. Il paraît avoir indiqué le premier cette action dans son *Traité des airs, des eaux et des lieux* (1). — La forme, la couleur et les mœurs des nations, dit de son côté Polybe, ne dépendent uniquement que de la diversité des climats (2). En général, les anciens croyaient à une influence immédiate et infiniment prompte des climats, telle même qu'au bout d'un séjour de quelques années, un étranger se trouvait complétement modifié et ramené au même type que les habitants du lieu.

Cabanis seul de nos jours a osé aller aussi loin (3).

Quelques monogénistes ont simplement un peu élargi les idées grecques, et tout expliqué par la durée prolongée des mêmes influences. D'autres ont supposé des bouleversements locaux dans les conditions atmosphériques du globe, antérieurs à l'époque actuelle. C'est une sorte de progrès sur la précédente hypothèse, en ce sens que c'est du moins reconnaître l'insuffisance des causes actuellement existantes pour expliquer les grandes différences observées de nos jours entre les hommes.

Isidore Geoffroy Saint-Hilaire est revenu après son

(1) Cf. Cabanis, *Rapports du physique et du moral*, an XIII, t. II, p. 201. — Knox, *The Races of Men*, London, 1850, p. 82. — Morel, *Dégénérescences de l'espèce humaine*, Paris, 1857.

(2) Cf. Beddom dans *English Cyclopædia*. — Voir aussi Vitruve, liv. VI, ch. I.

(3) *Rapports du physique et du moral*, an XIII, t. II, p. 294.

père sur cette grande question de l'influence du milieu, mais la mort le surprit avant qu'il eût pu appliquer à l'homme les théories qu'il s'était faites. Cependant, la place considérable qu'a prise dans la science son *Histoire naturelle générale*, nous force à nous arrêter un instant sur ses opinions, qui d'ailleurs ont facilement triomphé des ruines de l'école de Cuvier. Et si nous ne partageons pas entièrement les doctrines du second Geoffroy, nous sommes d'autant plus à l'aise que, nous éloignant du fils, nous nous rapprocherons davantage du père.

Isidore Geoffroy croyait à une influence décisive du milieu, mais dans certaines circonstances seulement. Il croyait cette influence « *limitée*, » comme il l'appelle lui-même, chaque fois qu'elle agit en dehors de l'action de l'homme, c'est-à-dire sur des animaux sauvages ou libres. Dans ce cas l'action du milieu, selon lui, se bornerait toujours et exclusivement à produire quelques variétés dans la taille et dans la couleur du pelage (1); taille que nous ne voyons jamais varier dans la même étendue chez l'homme; couleur du pelage qui est sensiblement uniforme chez l'homme, où la variété blonde est elle-même exceptionnelle, et répandue sur un très-petit espace au N.-O. de l'ancien continent.

En tous cas, Isidore Geoffroy reconnaissait que ces

(1) *Histoire naturelle générale,* T. III (1860), p. 319. — Nous éliminons ici les faits relatifs au cerf de Barbarie et au cerf de Corse (*ibidem*, p. 407) qui ne reposent que sur une assertion négative d'un ancien auteur. Voy. plus loin.

variations sont toujours peu considérables (1), et, quoiqu'il ne les ait nulle part rapprochées de celles qui séparent les races humaines, on a tout lieu de croire que les différences observées chez les espèces sauvages étaient à ses yeux beaucoup moins profondes. Il a cherché, au contraire, à comparer ces différences insignifiantes chez les animaux libres, aux variétés infiniment plus marquées, plus tranchées que nous présentent les animaux domestiques, et par là sans doute il voulait faire un pas vers la question fondamentale de l'anthropologie qui était évidemment au fond de sa pensée, et qu'il avait résolue depuis longtemps dans le sens monogénique.

Mais les animaux domestiques sont dans des conditions toutes spéciales, qui ne permettent pas d'assimiler leurs variétés à celles qui ont été simplement produites par les forces naturelles. Cuvier (2) avait déjà signalé cette différence et rejeté toute assimilation entre eux et les animaux libres. Sans tenir compte des raisons qui pouvaient le pousser vers telle ou telle opinion, nous croyons que sur ce point, du moins, il était tout à fait dans la vérité. Au reste, Isidore Geoffroy lui-même nous fournit des armes contre ses propres idées : « Puisque la nature laissée à elle-même, dit-il en parlant des milieux, ne nous rend

(1) « Partout de petits changements, nulle part de grands. » *Histoire naturelle générale*, t. III, p. 388.

(2) *Recherches sur les ossements fossiles*, édition in-4°, t. I, 1831, p. 59.

jamais témoins de grands changements dans les conditions d'existence, il est clair qu'il ne nous reste qu'un moyen de voir de tels changements, et d'en constater les effets sur l'organisation, c'est *de contraindre la nature à faire ce qu'elle ne ferait pas spontanément* (1). » Toute la condamnation du système d'Isidore Geoffroy est, à notre avis, dans ces derniers mots.

Pour notre part, nous rejetons de la manière la plus absolue et la plus formelle ce rapprochement qu'on semble avoir voulu faire de l'homme et des animaux domestiques. L'homme est un animal sociable, comme bien d'autres, mais il ne devient que par exception animal domestique : quand il tombe en esclavage. L'animal domestique est un être arraché à l'état normal, et contraint par l'homme. Il est soustrait à l'influence de la Nature pour ne plus subir que celle de son maître, variable à l'infini. Il ne se ressemble plus, l'habitude d'obéir ne lui laisse pas même de volonté, il cesse d'être une personnalité, il devient une machine produisant pour le compte d'un autre.

La domesticité a certains caractères de la dégénérescence : l'animal perd de son activité, il brûle moins, il assimile davantage ; il devient presque incapable de subsister par lui-même, il végète ; en même temps que sa personnalité, il a perdu cette résistance au milieu ambiant qui est le caractère nécessaire de

(1) *Histoire naturelle générale*, t. III, p. 389.

l'espèce, la condition du *nisus formativus;* il se modifie au gré de tout. Son organisme peut être considéré comme étant dans une sorte d'équilibre instable, de telle manière que la moindre influence fait varier cet organisme, même dans un délai très-court, d'une quantité considérable (1).

Mais que l'homme cesse un instant d'être attentif à diriger ces modifications, qu'il s'oublie un seul instant, la Nature, toujours vigilante et prête à reprendre ses droits, détruit tout cet édifice humain, et ramène bientôt l'animal à un type qu'on peut appeler normal, mais qui n'est pas forcément le type de la souche, parce que la Nature agissant alors sur un organisme doué, comme nous venons de le dire, d'une malléabilité et d'une ductilité merveilleuses acquises par la domesticité, modifie l'animal rendu à la liberté, immédiatement et sans effort, en raison directe du nouveau milieu où il est jeté.

Rien de semblable n'a lieu pour l'homme. Ce n'est pas à dire cependant qu'il ne puisse aussi être réduit à l'état domestique (2). Les esclaves ne sont pas autre chose; et ce qu'il nous faudrait pour mettre en parallèle avec la domesticité animale, ce serait l'histoire

(1) « Que penserait-on d'un éleveur qui, transportant des poulains normands ou des veaux flamands sur les prairies hautes des Alpes ou des Pyrénées, s'attendrait à voir ces animaux reproduire, l'éducation achevée, les traits purs des races originelles? » Isidore Geoffroy Saint-Hilaire, *Histoire naturelle générale*, t. III, p. 307.

(2) Cf. Verneuil, *Bulletin de la Société d'anthropologie*, 2 févr. 1860; — Bonté, *ibidem*, 6 août 1863.

d'une race d'Ilotes restée pure d'aucun mélange et suivie pendant un temps égal à celui qui nous sépare de la première conquête du chien, du mouton ou du bœuf sur les hauts plateaux de l'Asie.

Laissons donc toute comparaison entre l'homme libre d'aller, de venir, de choisir sa nourriture, et les animaux domestiques. Revenons à ceux qui vivent libres, et disons une fois pour toutes, que si nous nous arrêtons avec autant de détails sur ces comparaisons, c'est par une sorte de respect pour le caractère de quelques savants qui ont ainsi traité la science anthropologique. Nous croyons peu en biologie aux démonstrations *par les semblables*. Chaque animal, chaque organe, chaque élément anatomique même a sa vie propre, ses lois particulières de naissance, de développement, de nutrition, de reproduction. Au commencement de la science tout est clair et facile, comme la théorie cellulaire, par exemple, pour les éléments anatomiques; mais chaque jour les lois de la vie (nous pourrions dire de la Nature) se multiplient et se compliquent; chaque matin le chercheur doit s'attendre à découvrir quelque phénomène qui ébranle le credo scientifique de la veille, « chaque soir, nous disait un de nos maîtres, la meilleure prière est de refaire sa synthèse des sciences. » Eh bien! si l'anatomie moderne nous a appris que la phase initiale du développement de l'œuf diffère selon les animaux (1) et

(1) Ch. Robin, *Mémoire sur la production du blastoderme* (*Journal de physiologie*, 1862, p. 358).

même que rien ne ressemble moins au développement de certains os de la face que le développement de leurs voisins, comment oserons-nous bien conclure de n'importe quel animal à l'homme (1)?

Ceci dit, revenons à l'influence du climat sur les animaux sauvages ou libres. Isidore Geoffroy cite avec complaisance l'exemple du cerf de Corse et du cerf d'Afrique, transportés d'Europe sur ces deux terres depuis vingt siècles à peine, et formant aujourd'hui deux variétés très-nettement distinctes. De là, l'auteur de l'*Histoire naturelle générale* conclut à des modifications à la fois sensibles et rapides par l'action du milieu.

Mais d'abord, l'évidence de ces faits est simplement négative, les auteurs anciens qui ont nié l'existence du cerf en Corse et en Afrique, l'ignoraient peut-être simplement.

Ensuite, cette introduction, si elle a eu lieu, fut peut-être opérée à l'aide d'animaux retenus en domesticité ou en captivité depuis plusieurs générations déjà, et par conséquent facilement modifiables au moment où ils recouvrèrent la liberté, comme nous l'avons dit plus haut.

Quoi qu'il en soit, c'est au point de vue exclusif de l'homme lui-même, qu'il importe de reprendre la

(1) C'est ainsi que nous ne voyons pas se réaliser pour l'homme cette loi générale qui veut que les espèces animales soient d'une taille d'autant plus grande que le continent habité par elles est plus vaste ; la taille moyenne des mammifères en particulier est régulièrement proportionnelle à l'étendue de l'Australie, de l'Amérique, de l'Ancien continent et du Fond de l'Océan.

question, sans le comparer à tel ou tel animal, et sans nous égarer non plus dans des rapprochements de climats, jugés toujours trop rapidement sur l'égalité des températures. Il suffit de parcourir dans le *Cosmos* de Humboldt la longue énumération des circonstances qui concourent à constituer un climat, pour comprendre que tous les rapprochements que peut faire notre esprit entre deux régions du globe sont au moins téméraires. L'analogie de deux climats est plutôt une sorte de notion expérimentale qui ne peut être raisonnablement déduite que de la similitude des phénomènes biologiques aussi bien que des phénomènes météorologiques de tout ordre dans les deux régions comparées.

Et quand les climats auraient pu faire passer la peau de l'homme du blanc au noir (ce que nous nions énergiquement), faudra-t-il encore mettre sur le compte des impressions météorologiques ces aptitudes morales si tranchées, si profondes des diverses espèces d'hommes. Admettrons-nous qu'un peu plus ou moins de froid ou de chaud modifiera tellement l'intelligence? Et pourquoi pas le langage?

Disons de suite que ce n'est pas seulement de nos jours qu'on a commencé à douter de telles merveilles. Bacon l'expérimentateur (1) et B. S. Albin (2)

(1) Cf. Mitchell, *An Essay upon the Causes of the different Colours, etc.* (*Philosophical Transactions*, 1745).

(2) « Sole colorari homines non dubium, eousque autem ut nigrescant non constat. » Albinus, *De sede et causa coloris Æthiopum*, p. 12. — Il dit de même, toujours en parlant des nègres, qu'ils sont colorés « quod suum parentes colorem in liberos pro-

doutaient fort de l'action solaire sur la couleur de la peau. — Camper, qui admettait aussi que toutes les variétés ne résultent que des influences extérieures, reconnaissait avec bonne foi que ces influences telles que nous les apprécions, *ne suffisent pas à expliquer pleinement*, et la proéminence du maxillaire chez le nègre, et celle des os malaires chez le Kalmouk, et l'obliquité des yeux des Chinois ou des Malais, etc. On peut en dire autant de tous les autres phénomènes du même ordre : l'épatement du nez, l'état crépu des cheveux, le pigment qu'on retrouve jusque sur la voûte du palais des nègres, etc.

Nous devons encore à Camper une autre réflexion extrêmement juste : « La couleur noire, dit-il, qu'affectent les parties naturelles chez les deux sexes et même chez les individus les plus blancs, prouve clairement que notre membrane réticulaire ne tient sa couleur que du sang (1). » Il y a longtemps que ce seul fait aurait dû donner une impulsion plus rationnelle aux recherches sur ce sujet. Si, laissant de côté toutes ces hypothèses, car tout ce que nous venons de rapporter n'a pas d'autre valeur, si nous voulons étudier d'une manière *positive* l'influence du ciel sur l'homme, nous n'avons, en réalité, qu'une seule ressource, c'est de nous renfermer

pagant... ; æthiops fœmina si cum mare æthiope rem habuerit, æthiopem, ni quid forte natura ludat, gignit : alba si cum albo, album. » *Ibidem*, p. 10. — C'est en quelque sorte la permanence du type proclamée.

(1) *Dissertation physique sur les différences des traits du visage* p. 17.

dans les limites de l'histoire, c'est d'étudier l'effet des migrations qu'elle nous raconte, c'est de voir si l'homme transporté au loin se modifie et comment il se modifie. Alors, nous trouverons à ces questions deux réponses qui constituent ensemble une sorte de loi anthropologique.

Loi. *Pour les temps historiques, ou l'homme* (nous entendons ici une société d'hommes) *transporté loin de son milieu ne voit point son type s'altérer; ou bien il disparaît.*

Quel peuple a été transformé? nous ne pouvons répondre l'histoire à la main : nous n'en connaissons pas. Et cependant, la courte période de durée qu'embrasse le souvenir des hommes, serait bien suffisante s'il était vrai, comme le pensait Isidore Geoffroy, qu'on puisse conclure des animaux à l'homme, et que deux mille ans aient suffi à modifier profondément le genre cerf (voy. p. 125).

Ce que nous savons, c'est que les *Petits blancs* de l'île Bourbon, anciens colons établis dans les hautes terres depuis près de deux siècles, ont gardé, dit-on, la noblesse de leur sang (1).

Les familles espagnoles et portugaises établies au Brésil, et qui ont évité avec soin les mélanges, n'ont, dit-on, rien perdu de leurs caractères originels (2).

(1) Yvan, *De France en Chine*, Paris, 1853, p. 175.

(2) White, *Account of the Regular Gradation of Man*, p. 112. — Morton, *Crania Americana*, Introd. — Prince de Wied, *Voyage au Brésil*, t. II, p. 310. — Bory de Saint-Vincent, *Essai zoologique sur le genre humain*, t. II, p. 20.

Les Islandais ne sont pas devenus Lapons dans leur île, et voici huit cents ans qu'ils y sont établis : ils sont aussi blonds, aussi *germains* qu'au premier jour (1).

Les Hollandais ont prospéré au cap sous le nom de Boers.

On dit qu'à Cochin, au Malabar, il existe une tribu juive établie là depuis longtemps, sans faire cependant remonter comme elle son origine à la captivité ; elle serait restée intacte (2), aussi semblable aux habitants du quartier juif au Caire, qu'aux juifs de la *Cène* de Léonard de Vinci et des tableaux de l'école flamande.

Enfin chez nous, en Europe, les Irlandais n'ont-ils pas conservé sous leur ciel brumeux et glacial cette nature du Midi, qui se décèle dans leur goût pour certains arts, leur petite taille, leurs cheveux noirs, la vivacité des femmes et l'indolence des hommes ?

Voici donc un premier ordre de faits : l'homme n'est pas modifié par l'émigration. Peut-être ces faits ne sont-ils pas très-concluants, soit en raison de la difficulté d'observation pour les uns, soit en raison de la courte période qu'ils embrassent, pour les autres. Il faut les prendre tels que la science nous les donne, et faire seulement attention de mesurer la conclusion à la valeur des prémisses.

Nous arrivons au deuxième terme de la loi que

(1) Desmoulins, *Histoire naturelle des races humaines*, p. 162. — *Indigenous Races of the Earth*, p. 585.

(2) White, *Account of the Regular Gradation of Man*, p. 104.

nous avons posée : l'homme transporté disparaît. La théorie que l'on peut formuler ainsi a une importance considérable. Elle a même reçu un nom particulier : on l'a appelée Théorie du non-cosmopolitisme de l'homme. Elle est aujourd'hui défendue en France, avec autant d'énergie que de talent, par M. le docteur Boudin.

Ici les faits abondent, et ils prennent tout à coup une signification considérable : ils se mesurent par des chiffres ; de telle sorte qu'il faut bien accepter que, dans la plupart des cas, chaque race est par sa nature attachée au sol qui la nourrit, et que ce n'est pas impunément qu'elle en franchit les limites.

C'est parce que le climat étranger a, en général, une influence vraiment destructive, produisant sur les émigrés une dégénérescence, c'est-à-dire une altération morbide parallèle de l'intelligence et du corps, que nous voyons toujours les mêmes races s'agiter dans les mêmes aires, disparaître quand elles les dépassent (1). Si le sémite parti de l'Yémen est venu paître ses chameaux jusque sur les bords de l'Océan, en face des îles Fortunées, c'est que lui et sa monture trouvèrent dans le Rif les mêmes conditions de vie que par delà le Nil et l'isthme de Suez. Quoi qu'on ait dit des Juifs et de quelques autres races, aucune ne paraît être réellement cosmopolite. Admettre qu'une tribu juive jetée au milieu d'une population noire est devenue noire par la seule action

(1) W. Edwards, *Des caractères physiologiques des races humaines*, p. 14. — Niebuhr, trad. *Lectures on Ethnography*, t. I, p. 374.

du climat, c'est admettre qu'il n'y a jamais eu de conversions, ni d'adoptions, ni d'unions sexuelles contraires à la loi mosaïque. Et de ce côté les rédacteurs philosophes du code Napoléon, aussi bien que la pratique médicale journalière, nous enseignent ce qu'il faut penser. Nous ne voyons pour notre part, dans ces transformations de familles juives établies au loin, que le résultat de l'absorption du type d'un petit groupe d'émigrants par une population qui a le nombre pour elle. L'homme juif a disparu, le langage s'est transmis comme la croyance, et le nom. — L'acclimatation pour l'homme aussi bien que pour tout animal sauvage n'a lieu qu'autant qu'il retrouve des conditions d'existence sensiblement identiques à celles pour lesquelles il a été créé. Hors de là, la Nature le punit d'avoir franchi les limites qu'elle lui avait assignées, et en dedans desquelles devait continuer à se mouvoir un organisme en rapport avec ce milieu défini. L'animal domestique, au contraire, en raison même de cette malléabilité dont nous avons parlé (voy. p. 122), *s'accommode* en général très-bien. Et les variétés qu'il offre alors en recouvrant sa liberté au loin sont à elles seules une preuve qu'il est là sous un ciel différent de celui de sa patrie originelle.

Telle est, selon nous, la seule manière d'interpréter aujourd'hui, sérieusement et à un point de vue général, les influences climatériques.

Il faut rendre cette justice à quelques monogénistes, qu'ils ont parfaitement compris le véritable rôle de ces influences. Blumenbach les appelait déjà *causæ degenerationis*, et là l'anatomiste allemand, en défendant comme Prichard l'unité spécifique du genre humain, s'élève bien au-dessus de l'anthropologiste anglais, sans pourtant atteindre non plus à ce que nous croyons être la vérité. Prichard, inclinant à croire l'humanité descendue tout entière des Nègres (1), reconnaissait, par conséquent, des sortes de *causæ perfectionis*, c'est-à-dire une marche ascendante des phénomènes, là où son prédécesseur n'avait vu que la marche inverse. Or cette marche ascendante des phénomènes est difficile à concilier avec la notion d'unité spécifique de l'homme. Toute espèce, en effet, est nécessairement constituée en raison du milieu défini où elle doit s'agiter. Il est irraisonnable de supposer qu'ailleurs le même organisme, la même espèce, puisse rencontrer des conditions d'existence plus favorables.

Pour Blumenbach toutes les races étaient comme autant de déviations maladives d'un type primitif dont nous sommes les représentants (2), de sorte que les neuf dixièmes du genre humain étaient pour lui composés d'individus dégénérés. Blumen-

(1) John Hunter pensait aussi que l'homme était originellement noir; il avait remarqué que les animaux en domesticité blanchissent toujours. Cf. White, *Account of the Regular Gradation of Man*, p. 100. Hunter confondait aussi l'homme avec les animaux domestiques. Nous avons dit (p. 122) ce qu'il fallait penser de ce rapprochement.

(2) Cf. Morel *Dégénérescence de l'espèce humaine*, Paris, 1857, p. 5.

bach ignorait qu'un des caractères essentiels de la dégénérescence est le développement limité des produits, c'est-à-dire la disparition de la race dans un temps plus ou moins rapproché (voy. p. 107). Nous nous demandons seulement comment les monogénistes, qui tous partagent plus ou moins les idées de Blumenbach, et qui presque tous se piquent de sentiments moraux, humanitaires, consentent à rabaisser ainsi le nombre des êtres humains restés dignes de ce nom? Le beau rôle, s'il pouvait y en avoir un à ce point de vue dans les sciences, n'est-il pas aux polygénistes qui considèrent les autres races comme des entités spéciales, poursuivant un but qui est le leur et non pas le nôtre, et partageant avec nous la planète, inaccessible dans toute son étendue à l'homme iranien ; de même que certains genres d'animaux ne couvrent aussi le globe que d'espèces différentes?

Le climat, avons-nous dit, a une influence décisive sur l'homme transporté, il fallait seulement s'entendre sur le sens de cette influence, et nous avons vu qu'elle est en général pernicieuse (1). Elle se fait

(1) Les influences climatériques agissent probablement de même sur les animaux sauvages; il faut seulement remarquer que l'animal captif et l'homme transportés ne sont pas exposés dans la même mesure à l'action du nouveau milieu ; les conditions ne changent pas similairement pour tous deux. Tantôt l'homme, tantôt l'animal aura plus de chances de résister; l'un presque toujours soumis par son maître à un régime intelligent et approchant le plus possible de sa condition première; l'autre abandonné à lui-même et fatalement entraîné vers les habitudes nouvelles qu'il voit autour de lui.

sentir sur le physique et sur le moral de l'homme, superficiellement et profondément.

Nous pouvons signaler, parmi les influences climatériques les plus superficielles et les moins profondes, le *hâle*, dont l'étude intéresse si vivement la recherche anthropologique. On sait aujourd'hui que le soleil est loin d'en être toujours la cause, — que le bivouac par des nuits sereines a dans ce sens une action pour le moins aussi énergique, — et qu'enfin les explorateurs du pôle nord n'ont pas été sans remarquer que leur visage et leurs mains brunissaient fortement sous le ciel des aurores boréales (1). N'est-ce pas là autant de faits qui doivent bien diminuer le rôle décisif que l'on a trop longtemps accordé à la chaleur solaire dans la production de la coloration du nègre. Le pigment du hâle ne semble pas même résider dans les couches de l'épiderme où se trouve le pigment normal. Enfin, rappelons qu'il est toujours facile de distinguer une nation hâlée : les individus qui, par une raison quelconque, ne se trouvent que rarement exposés à l'action des agents extérieurs, comme les femmes, sont infiniment plus blancs; les enfants naissent aussi très-blancs, puis le ciel agit, et ils deviennent parfois d'un teint extrêmement foncé.

Par malheur, l'action des climats sur l'homme

(1) Voy., sur cette question : Boudin, *Géographie médicale*, Paris, 1857, t. II, p. 15. — *Annuaire du Bureau des longitudes*, 1833, p. 230. — Georges Pouchet, *Des colorations de l'épiderme*, Paris, in-4°, 1864.

transporté ne se borne pas, le plus souvent, à des manifestations d'un genre aussi innocent que le hâle. Et c'est la statistique médicale, en s'occupant des différentes races d'hommes, qui est venue démontrer pour elles les dangers du déplacement à la surface de la planète, celui-ci eut-il même lieu dans le sens des lignes isothermes. Il résulte de recherches faites avec soin dans les colonies anglaises des Antilles depuis quarante ans environ, que la population noire va toujours en diminuant, le nombre des décès étant à celui des naissances :: 28 : 24.

Sous les tropiques, les organisations du Nord sont fortement ébranlées, la vie change d'aspect, le cours en est plus rapide. Le système glandulaire domine (1), l'homme devient « plus sensible au plaisir et moins disposé au mouvement (2) ; » son esprit perd sa vivacité. Ces nobles facultés, qui ont fait de l'homme blanc le roi de la création, s'affaiblissent, et cela au point que, dans certaines colonies, la métropole est obligée de confier à des Européens presque tous les emplois (3). Dernièrement le docteur Barnard Davis annonçait à la Société d'anthropologie de Pa-

(1) La précocité des fonctions génitales est en relation directe avec ce fait général.

(2) W. Edwards, *Caractères physiologiques*, etc., p. 14. — « The tropics alone produce the combination of infantine grace with the full development of female maturity. » H. Smith, *Natural History*, etc., p. 190. — Voy. encore Cabanis, *Rapports du physique et du moral*, t. II ; et Davy, *Account of Ceylan*. Ces deux auteurs en particulier ont parfaitement apprécié toutes ces modifications.

(3) Boudin, *Géographie médicale*, 1857, t. II, p. 150.

ris (1), qu'un de ses amis, médecin lui-même, le docteur J. A. Wise, après trente ans passés dans l'Hindoustan, n'avait jamais pu, malgré toutes ses recherches, trouver un seul individu issu de sang européen à la troisième génération.

Nos régions tempérées sont, d'ailleurs, au nègre ce qu'est à l'Européen le climat de la zone tropicale. Même à Gibraltar, les contingents nègres employés dans l'armée anglaise payent à la mort un tribut extraordinaire (2).

Au contraire, à Sierra-Leone les documents officiels pour 1861 nous apprennent (3) que la mortalité respective des soldats anglais et des soldats nègres a été la suivante :

	DÉCÈS SUR 1,000 SOLDATS.	
	Anglais.	Nègres.
Fièvres paludéennes	410,2	2,4
Dysentérie	41,3	5,3
Maladies du foie	6,0	1,1

(1) Séance du 7 nov. 1861.

(2) Il résulterait des documents recueillis par M. Nott (*Two Lectures on the Natural History of the Caucasian and Negro Races*, Mobile, 1844. Cf. Boudin, *Géographie médicale*, t. II, p. 144) qu'à mesure qu'on avance vers le nord dans les États-Unis, la folie chez les nègres devient plus fréquente. Elle atteindrait même dans le Massachussetts et le Maine, la proportion d'un aliéné sur vingt-huit individus. Nous hésitons à reconnaître là une influence climatérique, parce que le nombre des fous semble partout s'élever en raison directe du degré d'instruction répandue dans le peuple, non que la folie dépende de cette instruction, mais parce qu'elle met à même de constater un plus grand nombre de cas d'aliénation qui seraient restés ignorés, comme en Orient, au milieu d'une population moins éclairée.

(3) Cf. Boudin, *Bulletin de la Société d'anthropologie*, 1 août 1861.

C'est un fait qu'il n'est plus permis de mettre en doute, qu'en général la mortalité dans les populations transportées est en raison inverse du déplacement opéré (1). Pendant plusieurs années, l'île de Ceylan fut occupée par des troupes hindoues (de Madras et du Bengale), malaises, nègres et anglaises. — La mortalité a été pour ces différentes races, comme les nombres 12, 24, 50 et 69.

Ceci est si bien une loi biologique que nous en retrouvons l'application, même dans certains cas particuliers. Pour la fièvre jaune, par exemple, Towsend l'a ainsi formulée : « La mortalité pour les nouveaux venus des latitudes plus froides est en raison directe de l'éloignement de leur point de départ à l'équateur (2) ». Daniel Blair (3) a donné, d'après ses observations sur la même maladie faites dans la Guyane anglaise de 1827 à 1835, les chiffres de mortalité suivants :

Natifs (West-India Islanders)................	6,9
Français et Italiens..........................	17,1
Anglais, Écossais et Irlandais................	19,3
Allemands et Hollandais (Germans and Dutchs).	20,2
Scandinaves et Russes.......................	27,7

(1) Cf. Boudin, *Traité de géographie médicale*, 1857, Introduction, p. XLI.

(2) « The mortality of the vomito to the new-comer from the cooler latitudes may be sayd to be in an exact ratio to the distance from the equator of his place of nativity. » *N.-Y. Med. Journal*, 1831, Feb. 339. (Cf. Hirsch, *Handbuch der historisch-geographischen Pathologie*, § 35, 1.)

(3) *Some Account of the last Yellow Fever Epidemic of British Guiana*, in-8°, London, 1850, p. 59.

L'épidémie de 1853 à la Nouvelle-Orléans permit à Barton de dresser, sur le même principe, une échelle de mortalité absolument comparable, et qui lèverait tout doute à cet égard, si le doute était encore permis (1).

(1) Barton, *Report of the Sanitary Commission of New-Orleans for* 1853, N.-Orl., 1854, p. 248. Cf. Hirsch, *Handbuch der historisch-geographischen Pathologie*, § 35. — Hirsch invoque encore sur la même question un certain nombre de témoignages. Elle nous paraît trop capitale et trop décisive au point de vue polygéniste pour que nous ne donnions pas ici la liste complète de ces indications : Romay, *Diss. sobre la fiebre amarilla, etc.* Habana, 1797. — Arnold, *Treat. on the Bilious Remitt. Fever*, etc. London, 1840, p. 26. — Zimpel, *Jenaische Annalen für Med.*, I, 68. — Dickinson, *Observat. on the Inflamm. Endemic incid. to Strangers in the West Indies*, etc., London, 1819, p. 13.—Ferguson, *Notes and Reflections*, etc. London, 1846, p. 150. — Dickson, *Philad. Med. and Phys. J.* III, 250. — Lallemand, *Das Gelbfieber*, etc. p. 21.

CHAPITRE VII

INFLUENCE DE L'HYBRIDITÉ.

Nous devons envisager l'hybridité à un double point de vue, comme pouvant donner ou non une indication sur la valeur réelle des différentes races humaines comparées aux groupes naturels reconnus dans la plupart des classifications zoologiques ; et, d'autre part, nous devons étudier l'hybridité comme propre à la création de races nouvelles ainsi qu'on l'a prétendu.

On a dit, on répète que, tous les hommes pouvant reproduire les uns avec les autres, le genre humain ne constitue évidemment qu'une seule famille. Il aurait fallu pour que cet argument eût quelque valeur, que chez les animaux — car c'est là qu'on le puisait — deux espèces bien reconnues comme telles, et même plus différentes que ne sont deux races humaines, ne produisissent jamais l'une avec l'autre. Or il est loin d'en être ainsi.

Isidore Geoffroy Saint-Hilaire, qui a admirablement traité cette question dans son *Histoire naturelle générale*, reconnaît lui-même que des animaux appartenant à deux *genres* différents peuvent en s'accouplant produire des métis, qu'il appelle, en conséquence, *hybrides bigénères*.

Ainsi ne nous donnons plus même la peine de contester, comme l'ont fait certains polygénistes, l'universalité de reproduction entre toutes les espèces d'hommes; ne nous demandons plus si l'on a observé toutes les combinaisons possibles : l'union, par exemple, des Eskimaux et du Nègre, de l'Américain et des Nouveaux-Hollandais, des Tartares et des Boshimans; admettons, ce qui n'est peut-être pas l'expression de la vérité, que toutes les races humaines reproduisent les unes avec les autres, cela ne prouverait encore rien en faveur des monogénistes qui ont mis ce fait en avant, puisque nous savons désormais qu'il n'y a pas dans cette universalité de reproduction place pour un argument sérieux, puisque nous savons que deux espèces distinctes, deux genres mêmes peuvent produire des métis.

On a donc donné une importance beaucoup trop grande à cette faculté de reproduire : ce n'est qu'une fonction, c'est-à-dire un caractère physiologique très-impropre aux classifications; l'existence d'hybrides *bigénères* le démontre suffisamment. C'est un mauvais caractère parce qu'il n'est pas constant; parce que l'homme ou l'animal ne le porte pas en lui et qu'il faut un ensemble donné de circonstances pour que ce caractère se révèle à l'observateur. Il est même des formes animales qui ne se prêtent en aucune façon à une telle observation : il suffit de rappeler les générations alternantes des invertébrés; où rangera-t-on tous ces animaux agames?

où classera-t-on ces proscolex et ces scolex qui n'ont pas de sexe et qui n'en auront jamais?

A la notion de fécondité, insuffisante pour caractériser l'espèce, il faut en substituer une autre, celle du développement du produit. Si tout nous montre que des zoospermes provenant d'animaux très-différents peuvent également féconder un ovule donné; si même nous n'avons aucune bonne raison pour rejeter cette théorie que chaque ovule puisse être fécondé par différentes sortes de zoospermes, il est très-facile de se rendre compte, au contraire, que le fruit n'aura de chances de vie qu'autant que les deux parents offriront une identité suffisante, mais que l'on ne peut regarder comme propre à caractériser l'espèce.

Produit de deux organismes, un descendant doit toujours être considéré comme résultant de deux moitiés unies ensemble, emboîtées, combinées l'une à l'autre. Si les deux moitiés sont identiques, l'animal est semblable à ses ascendants en tout et pour tout. Si les deux êtres, qui ont essayé de s'unir, sont trop dissemblables, les deux forces en présence ne peuvent se combiner, et le produit est nul ou immédiatement arrêté dans son développement dès les premiers temps de la vie blastodermique. Si les deux forces en présence, ou les deux sommes de forces, ont un certain nombre de directions communes, elles pourront produire un nouvel être, mais imparfait et qui n'aura pas toutes les conditions d'existence de ses parents : il n'aura pas la puissance génitale et sera par conséquent impropre à devenir la souche d'une série d'individus semblables à lui, se succédant à travers la durée, « naturellement, régulièrement et indéfiniment (1) ».

Laissant de côté la faculté de reproduction, occupons-nous donc seulement de l'union des différentes races humaines au point de vue de la vitalité des produits, et voyons ce que nous enseigne l'observation sur ce sujet :

Jacquinot prétend que « c'est à peine si on cite « quelques rares métis d'Australiens et d'Euro- « péens. » — Quand on transporta de l'île de Flinder les anciens habitants de Van-Diemen réduits au nombre de deux cent dix, non-seulement l'union des femmes avec les trop peu scrupuleux condamnés n'avait pas formé une race distincte, mais on ne put même compter que deux produits adultes de leur union (2).

« Les mulâtres, dit M. Nott, ont la vie plus courte qu'aucune des races souches; quand ils s'unissent entre eux, ils sont moins prolifiques qu'unis à l'une ou à l'autre des souches (3). » Cette assertion est

(1) Termes empruntés à la définition de l'espèce d'Isidore Geoffroy, *Histoire naturelle générale*, t. II, p. 437. — « L'acte le plus naturel aux êtres vivants qui sont complets et qui ne sont ni avortés ni produits par génération spontanée, dit Aristote, c'est de reproduire un autre être pareil à eux, l'animal un animal, la plante une plante, afin de participer de l'éternel et du divin autant qu'ils le peuvent. » *De l'âme*, l. II, ch. IV, § 2. Trad. par Barthélemy Saint-Hilaire.

(2) Nott et Gliddon, *Indigenous Races of the Earth*, p. 443.

(3) Nott et Gliddon, *Types of Mankind*, 1854, p. 373.

vraie surtout des métis nés de nègres et d'habitants du nord de l'Europe.

A Java, les métis de Malais et de Hollandais passent pour ne pouvoir pas se reproduire au delà de la troisième génération (1).

Les *Half-Cast* de l'Inde, dit M. de Warren, arrivent à une fin prématurée, et sans reproduction ; s'il y a progéniture, celle-ci est toujours chétive et misérable (2).

Nous voulons encore dire un mot d'une opinion d'Isidore Geoffroy Saint-Hilaire à propos de cette importante question des croisements chez l'homme. Après qu'il vient de reprocher à Cuvier, avec juste raison, d'avoir souvent, dans l'intérêt de vues particulières, admis pour l'homme une contravention flagrante aux grandes lois biologiques que son génie proclamait pour le reste du règne animal, Isidore Geoffroy nous semble à son tour être tombé dans une contradiction du même genre. Il appelle spécialement *hybrides* les métis issus du croisement de deux espèces différentes, et il remarque en plus que les *hybrides* ont généralement des caractères assez fixes, qui sont en partie ceux du père, en partie ceux de la mère. En sorte que le produit, ajoute-t-il, peut bien ressembler à l'un plus qu'à l'autre, mais non pas exclusivement à l'un d'eux : on reconnaît toujours en lui un métis. Au contraire, il n'en est

(1) Cf. Boudin, *Géographie médicale*, Introduction, p. XXXIX.
(2) Cf. Morel, *Traité des dégénérescences*.

pas toujours ainsi du croisement de deux variétés d'une même espèce; le produit tient alors le plus souvent de l'un et de l'autre de ses parents; mais, très-fréquemment aussi, il ressemble exclusivement à l'un d'eux.

A ces êtres issus de deux variétés de la même espèce, et qui *très-fréquemment reproduisent entier le type d'un de leurs parents* à l'exclusion de l'autre, Isidore Geoffroy réservait le nom de métis *homoïdes.* — Eh bien, nous le demandons : en prenant pour exemple le produit de l'union du blanc et du noir, trouvons-nous chez lui les caractères d'un métis homoïde? ressemble-t-il jamais exclusivement à l'une des deux souches? Les caractères du mulâtre ne sont-ils pas parfaitement dessinés, définis et toujours moyens? Les exceptions, si l'on a pu en citer quelques-unes, ne sont-elles pas toujours d'une rareté extrême (1)? Au nom de cette constance même, Isidore Geoffroy n'eut-il pas dû voir dans le mulâtre autre chose qu'un métis homoïde, et douter davantage que les diverses races d'hommes constituassent seulement des variétés d'une même espèce?

Examinons maintenant l'hybridité en tant que pouvant servir à produire de nouvelles races ou à modifier les races existantes, ainsi que l'ont admis Blumenbach et M. Flourens (2). Remarquons seulement que ces deux auteurs, ainsi que la plupart des monogénistes, en mettant l'hybridité comme cause

(1) Perier, *Société d'anthropologie,* séance du 21 Avril 1864.
(2) *Des races humaines*, 1845.

modificatrice, sur le même rang que le climat ou le milieu, commettent une erreur grave. L'hybridité, même en lui accordant le rôle créateur qu'on a voulu lui donner, vient tout à fait au second rang, car elle suppose une pluralité préexistante. Elle ne peut agir, en fin de compte, qu'en atténuant des différences, en créant un terme moyen à deux termes extrêmes. Elle ne saurait produire d'elle-même la variété à l'origine, elle en est la conséquence, et nous allons voir que dans ce rôle étroit son action est encore très-restreinte.

White (1) suppose une colonie composée d'un nombre égal de noirs et de blancs; puis il examine ce qu'elle deviendra par la suite des temps en supposant qu'un trentième meurt et naît chaque année. Il arrive par ses calculs aux résultats suivants : en soixante-cinq ans le nombre des noirs, des blancs et des mulâtres serait égal; en quatre-vingt-onze ans les blancs ne formeraient plus qu'un dixième de la population totale, et les noirs un dixième; enfin, en trois siècles, il ne resterait pas un centième des blancs ni des noirs.

Cette proposition est vraie théoriquement parlant: elle est fausse dans la pratique; elle repose sur ce qu'on pourrait appeler un équilibre instable. Dans le monde physique on peut, à force de soins, arriver à mettre en équilibre un ellipsoïde sur l'extrémité de son grand axe, un cône sur son sommet, ce sont là aussi des équilibres instables, mais la moindre

(1) *Account of the regular Gradation of Man*, p. 146.

cause intervenant, la plus petite agitation se manifestant, l'équilibre est irrévocablement détruit. Qu'on admette dans le problème de White une naissance qui n'a pas lieu, une union improductive, les résultats sont renversés pour jamais; une portion des nouvelles générations conservera les types primitifs (1), et cette portion sera bien plus considérable que ne le supposait White.

Quand les faits d'arrêt de développement que nous avons rapportés plus haut ne suffiraient pas à prouver qu'une race métis ne peut subsister par elle-même, en voyons-nous une quelque part? Trouvons-nous un peuple conservant à travers les siècles un type moyen à deux autres qui lui auraient donné naissance? Nulle part nous ne voyons cela, pas plus qu'il n'existe de race de mulets. C'est qu'en effet une telle race hybride, intermédiaire à deux types définis, ne peut avoir qu'une existence subjective et éphémère.

La définition du mot *type*, en histoire naturelle et dans le cas particulier qui nous occupe, est une chose assez difficile et qu'on sent beaucoup mieux qu'on ne peut l'exprimer. Quand on a vu un certain nombre d'hommes appartenant à une race, l'esprit, sans aucun travail attentif, détache de chacun un ensemble de caractères généraux, et en forme une sorte d'être idéal auquel il rapporte les êtres réels qu'il voit ensuite, et auquel il identifie ceux qui ont

(1) Cf. W. Edwards, *Des caractères physiologiques, etc.*, p. 29.

avec lui une somme suffisante de similitudes (1).

Nous avons vu dans le chapitre précédent, pour les temps historiques au moins, que le type se reproduit invariable à travers le tempset à travers l'espace quand il ne succombe pas au nouveau climat sous lequel il va vivre. Si l'on admet maintenant que deux types aient rencontré un ensemble d'influences, un milieu tel qu'ils puissent y vivre tous deux, nous prétendons que — ces populations missent-elles tout le soin possible à se mélanger — on retrouvera toujours, quoi qu'en dise White, des blancs et des noirs si ces populations ont été blanches et noires à l'origine ; et ceci en vertu de lois que nous croyons pouvoir énoncer, et dont la démonstration sera d'autant plus positive, qu'elle est du domaine historique :

Ire LOI. — *Un type moyen ne peut exister par lui-même, mais seulement à la condition d'être entretenu par les deux types créateurs.*

IIe LOI. — *Quand deux types s'unissent, deux phénomènes peuvent se présenter : 1° ou l'un d'eux absorbe l'autre ; 2° ou ils subsistent simultanément au milieu d'un nombre plus ou moins grand de métis.*

Ces deux lois ne sont, au reste, que la formule de principes énoncés depuis longtemps déjà par Pri-

(1) Les distinctions individuelles ne peuvent donc se baser que sur les écarts du type, sur des caractères qui ne sont pas ceux de l'idéal formé. Il résulte de là que, si on a vécu avec un étranger portant tous les caractères de sa race bien accentués, on croira partout le reconnaître en voyageant au milieu de ses compatriotes.

chard lui-même (1), par l'éditeur de l'*Ethnological Journal* (2), par Knox (3) et par William Edwards (4).

C'est en vertu de la première de ces lois que nous ne voyons nulle part une race moyenne s'établir sur les débris de deux races créatrices, les remplacer, et vivre par elle-même d'une existence indépendante, formée uniquement de métis qui se propageraient eux-mêmes. En effet, nous avons établi que les conditions de développement étaient toujours très-bornées chez les métis, et elles ne doivent aller qu'en décroissant encore chez leurs descendants quand ils sont susceptibles d'en avoir. La race métis n'existera donc qu'à la condition d'être entretenue par les deux types créateurs persistant au milieu d'elle.

Si la valeur de cette loi ne se déduit que d'une donnée négative, c'est-à-dire de l'absence à la surface du globe d'aucune race véritablement métis existant

(1) « C'est un fait des plus évidents que dans le monde animal, comme dans le monde végétal, toutes les races généralement se reproduisent et se perpétuent sans se mêler ni se confondre les unes avec les autres. » Prichard, *Histoire naturelle de l'homme*, T. I, p. 17. — Cf. Morel, *Dégénérescences de l'espèce humaine*, p. 2.

(2) Troisième numéro. — La plupart des articles de cette production remarquable ne sont pas signés.

(3) « No race will amalgamate with another; they die out or seem slowly to be becoming extinct. » — Cf. *Ethnological Journal*, p. 98.

(4) « Nous arrivons à cette conclusion fondamentale, que les peuples appartenant à des variétés de races différentes, mais voisines, auraient beau s'allier entre eux, une portion des nouvelles générations conserverait les types primitifs. » — Cf. Courtet de l'Isle, *Tableau ethnographique*, p. 77.

par elle-même sur une certaine étendue de territoire, pour la seconde loi, nous allons trouver au contraire un grand nombre de faits positifs.

Quand deux types s'unissent, avons-nous dit, on peut observer un double phénomène : ou bien l'un des deux types absorbe l'autre, ou bien ils subsistent simultanément l'un près de l'autre.

Le premier cas a dû être le plus fréquent, mais c'est le moins appréciable, parce qu'il ne laisse pas de traces sensibles. C'est dans l'histoire qu'il faut aller chercher le souvenir de peuples qui existèrent autrefois et qui disparurent depuis. C'est ainsi que cette colonie de Nubiens (?) transportés sur les bords du Phase par Rhamsès, n'a pas laissé de traces de son séjour, chez les habitants du pays. De même de toutes les colonies grecques des bords de la Méditerranée (1). Les Normands n'ont laissé sur les côtes du Labrador que des stèles gravées, leur sang ne s'y est pas maintenu.

Le type turc primitif, asiatique, est également disparu d'Europe. On avait attribué cet effet à l'introduction des femmes géorgiennes dans les sérails. C'est peut-être là une raison qu'on a trop facilement acceptée. Que l'introduction, répétée pendant plusieurs générations, de femmes géorgiennes et circassiennes dans les harems ait fait perdre aux descendants des conquérants leur caractère originel

(1) Latham a cru pourtant découvrir des vestiges de race phénicienne encore subsistants en Afrique et en Cornwall. Cf. Knox, *The Races of Men*, 1850.

et la laideur mongole, il n'y aurait là rien que de très-naturel; seulement, si cela était, les Turcs de nos jours, par ces alliances continues avec une même race, seraient devenus à leur tour de véritables Géorgiens et Circassiens. Il n'en a pas été ainsi; d'abord parce que les harems se sont recrutés autant en Europe qu'en Asie, puis ce ne serait là qu'un fait applicable à quelques familles haut placées. Ce qui nous paraît plus exact, c'est que le sang turc est à peu près disparu, envahi, remplacé par le vieux sang du pays, macédonien ou thrace.

On ignore les lois exactes qui président à cette disparition d'une race en présence d'une autre. Tantôt elle semble être extrêmement rapide, tantôt ne se produire jamais. Les conditions complexes qui la régissent, rentrent évidemment dans le grand ordre de faits que M. Darwin a si ingénieusement classés sous le nom de *concurrence vitale* (struggle for existence). Elles nous ont toujours paru présenter une complète analogie avec la disparition de certaines espèces animales devant d'autres, disparition dont l'histoire parfois nous permet de mesurer les étapes ; de même qu'il semble y avoir, entre les grandes fluctuations des peuples et celles qui poussent les bêtes sur les continents, une curieuse similitude. Nous serions presque tenté de dire que l'envahissement de l'Occident par les barbares, par le rat noir et par le mulot, est la triple expression d'une seule et même loi biologique. La population américaine recule comme ont reculé certains animaux (1) ; celle des côtes australiennes est disparue ; et nous croyons les nègres de l'Afrique appelés eux-mêmes, dans un avenir éloigné, à ceder leur place à leur tour.

Nous ne connaissons pas mieux les conditions qui permettent à deux types de subsister indéfiniment l'un près de l'autre : faut-il attribuer cette résistance au pays ou aux races en présence? Pourquoi les Normands disparus en Amérique, en Italie, en Asie, subsistent-ils encore en Normandie, peu nombreux, il est vrai, mais toujours semblables à eux-mêmes et parfaitement décrits par la description que Linné donne des Goths de la Péninsule scandinave : « Ils ont les cheveux lisses, blond argenté et l'iris de l'œil bleuâtre (2)? »

Même quand les croisements ont lieu entre un nombre de races plus considérable que deux, même quand ces influences diverses se sont mêlées, combattues, aidées de mille manières, et que la question est devenue presque inextricable pour l'anthropologiste, au milieu de ces produits variés résultant de toutes ces combinaisons, on est tout étonné de voir surgir çà et là des individus qui portent le caractère absolu et complet de l'une des souches. Tant qu'il subsiste dans un peuple une quantité notable d'un sang mélangé, on peut toujours s'attendre à voir pa-

(1) C'est le cas pour l'hippopotame et pour le lion.

(2) C'est du moins ainsi que traduit Buffon : « Gothi corpore proceriore, capillis albidis rectis, oculorum iridibus cinereo-cœrulescentibus. » Linné, *Fauna Suecica*, p. 1.

raître un individu qui portera en lui les caractères purs de cette race qu'on croit éteinte et mêlée à jamais dans le sang des autres (1).

L'exemple le plus remarquable qu'on puisse citer de ces croisements, et en même temps le plus facile à observer, est celui que nous présente l'Angleterre, où deux races vivent côte à côte, mélangées, sans que l'une ait absorbé l'autre depuis le temps où écrivaient Strabon, Tacite et Jules César.

L'Angleterre, isolée comme elle l'est de l'Europe, doit nécessairement être un champ fertile pour l'anthropologiste, et ce sera sans doute le pays où l'histoire des races historiques et anté-historiques sera le plus tôt faite. Des hommes éminents y travaillent avec ardeur, et la certitude de remonter par l'archéologie et par la paléontologie aux premières races envahissant l'Angleterre à une époque où l'on ignorait en Occident l'usage des métaux, fait de ces études une des plus intéressantes de l'époque actuelle.

Deux races distinctes se partagent la Grande-Bretagne ou du moins on y retrouve les représentants de deux races; et, au milieu d'un nombre immense d'individualités intermédiaires, l'œil le moins exercé ne tarde pas à démêler ces deux types fondamentaux aussi différents que peuvent l'être deux hommes à peau blanche. Une de ces races est com-

(1) En vertu de la même loi qui veut qu'une ressemblance de famille se retrouve chez un individu après avoir été absente, ou plutôt masquée, pendant une ou plusieurs générations.

posée d'hommes grands, forts, puissants, à la peau transparente, aux yeux bleus (1) ; l'autre, d'une complexion plus fauve, porte des cheveux noirs frisants (2). Les premiers, désignés autrefois sous le nom de Calédoniens ; les seconds, sous celui de Silures, et très-semblables aux Ibériens de la péninsule espagnole ; les uns, d'origine celtique ou méridionale ; les autres, d'origine germanique ou septentrionale. Personne ne nie aujourd'hui que ces deux races ne soient bien caractérisées, et chaque jour on en rencontre en Angleterre des spécimens parfaits. On cite même certains cantons où la race Silure, Ibérienne ou Celte comme le veut la tradition (3), est dominante : ainsi dans le nord-ouest du Glamorganshire, dans les environs de Merthyr et dans le Vale of Neath (4). M. John Philips les retrouve également abondants, avec leurs mêmes caractères, « les yeux et les cheveux noirs, le teint uniforme et plutôt foncé (5), » dans le district de Danelag (6) entre Leicester, Nottingham et Derby. Entre les deux races vivent

(1) « Rutilæ comæ, magni artus. » Tacite, *Agricola*, II, § 11.

(2) « Colorati vultus et torti plerumque crines. » Idem, *ibidem*.

(3) Idem, *ibidem*.

(4) Voy. Latham, *Celtic Language*, p. 371. — J.-B. Davis et J. Thurnam, *Crania britannica*, p. 53. — Garnet, dans les *Transactions of the Philological Society*. — R. Cull et Latham, dans *Edinburgh New Physical Journal*, 1854. — Perier, *Fragments ethnologiques*, Paris, 1857.

(5) « Black eyes and hair, uniform or rather dark complexion. » J. Philips. Cf. *British Association*, 1849.

(6) Le nom lui-même de ce district annonce pourtant la fréquentation plus ou moins prolongée de ces parages par les Scandinaves.

nécessairement un nombre considérable de métis qui, s'alliant à l'une ou à l'autre des souches ou entre eux, donnent des produits variés et relient ainsi les deux groupes par une foule de nuances insensibles.

Tel est encore le cas pour la France : M. Edwards (1) l'avait deviné presque d'inspiration, et M. Perier (2) avait puissamment ajouté à ces présomptions en examinant plus attentivement les documents laissés par l'antiquité sur les habitants de la Gaule. M. Broca, dans le mémoire qui inaugura les travaux de la Société d'anthropologie de Paris (3), prouva de la façon la plus péremptoire que, si l'on tirait une ligne passant par Cherbourg et Nice (4), on partageait la France en deux zones tout à fait distinctes sous le rapport de la taille des habitants. Au sud-ouest, ancienne population celtique, à la taille petite, comme en fait foi le grand nombre d'exemptions du service militaire. — Au nord-ouest, dans cette région toujours envahie par les races blondes et puissantes du Nord, résultat contraire. Ici et là deux races distinctes : l'une, autrefois maîtresse de l'Occident, et puis repoussée aux extrémités du con-

(1) Cf. W. Edwards, *Des caractères physiologiques des races humaines*, Paris, 1829.

(2) Cf. Perier, *Fragments ethnologiques*, Paris, 1857.

(3) *Recherches sur l'ethnologie de la France* (*Mémoires de la Société d'anthropologie*, T. I, p. 1). — Voy. aussi la Discussion qui suivit la lecture de ce Mémoire (*Bulletin de la Société d'anthropologie*, séances du 21 juillet et du 4 août 1859).

(4) Il n'est pas mauvais de remarquer que cette ligne est précisément perpendiculaire aux parallèles climatériques qui divisent la France.

tinent; l'autre, sortie de ses forêts et envahissante; toutes deux différant autant que possible par l'aspect physique et par les aptitudes morales, mais se complétant, pour ainsi dire, aujourd'hui l'une par l'autre, et travaillant d'accord à la gloire et à la prospérité de la patrie commune.

Il ne faudrait pas cependant donner à ces derniers mots un sens général et en étendre l'application à tous les cas de croisements ethniques. Il faut, pour que l'union de deux souches réussisse dans le sens du progrès, que les deux termes unis ne soient pas trop dissemblables. Ceci est essentiel, et, si nous avons essayé de prouver que les métis de races éloignées ne possèdent pas toutes les conditions nécessaires de vie animale et de propagation, il nous serait facile de trouver de nombreux témoignages pour démontrer qu'en général les conditions intellectuelles du métis ne sont pas beaucoup plus satisfaisantes que ses conditions physiques, quand les deux organismes intelligents qui se sont combinés n'offraient pas déjà une certaine similitude.

Le docteur Tschudi (1) dit, en parlant des Zambos, métis d'indigènes et de nègres à Lima : « Comme hommes, ils sont grandement inférieurs aux races pures, et comme membres de la société, ils sont la pire classe de citoyens; » seuls, ils fournissent les quatre cinquièmes des criminels des prisons de Lima. — E. G. Squier (2) a fait des observations à peu près

(1) *Peru*, 1846.
(2) *Nicaragua, its People*, New-York, 1852, T. II, p. 153.

analogues sur les Zambos du Nicaragua. De son côté, l'union des Espagnols avec ces mêmes Américains ne semble avoir produit que des hommes abâtardis qui ne présentent aucun élément de perfectibilité.

Enfin, c'est au nom des mêmes principes que M. de Gobineau (1) s'est appliqué à prouver longuement que le mélange des races conduit nécessairement à la dégradation et à l'abrutissement universel. Cabanis avait professé les mêmes idées (2).

L'hypothèse où se sont placés Cabanis et M. de Gobineau ne se réalisera sans doute jamais. Pour admettre que toutes les races humaines puissent arriver à un mélange complet, il faudrait en effet admettre que chaque race est cosmopolite, ce qui n'est pas (voy. p. 135). Mais du moins reste-t-il vrai et prouvé que, quand deux races *très-différentes* s'unissent, il ne faut espérer rien de bon non plus que rien de durable de leur union.

C'est avec une simple différence d'intensité le même phénomène que quand on unit deux *espèces* animales. Aussi les monogénistes se sont-ils étonnés à bon droit d'un tel résultat chez l'homme, résultat tout à fait contraire, dit l'un d'eux (3), à ce qu'il est généralement permis d'attendre de l'entrecroisement des races. L'étonnement du savant dont nous parlons s'explique très-bien par l'idée qu'il

(1) *Essai sur l'inégalité des races humaines*, Paris, 1852.
(2) *Rapports du physique et du moral*, t. I, p. 484.
(3) M. Morel, *Traité des dégénérescences*.

se fait des races humaines où il ne voit que des variétés dégénérées du type originel conservé par l'Européen dans sa pureté primitive.

Il est évident que dans cette hypothèse toute monogénique, sur laquelle d'ailleurs nous ne reviendrons pas (voy. p. 132), l'union d'une de ces races dégénérées avec la souche pure serait une sorte de consanguinité *hygide* (1) et par conséquent favorable aux produits. Il se passerait là quelque chose d'analogue à cette pratique des paysans des montagnes ou règne le crétinisme, qui essayent de lutter contre le fléau, en recherchant les unions de la plaine, afin de se retremper à chaque génération dans un sang plus pur. D'une manière plus générale il est évident que, si l'on suppose deux populations issues d'une même souche, et que l'une d'elles après des fortunes diverses, après avoir subi des influences fatales, en vienne à s'unir avec l'autre population restée inaltérée, il est évident que le produit d'une telle union devra tendre à reproduire dans sa pureté le type primitif (2).

(1) Cf. *Bulletin de la Société d'anthropologie*, t. III, p. 175.

(2) En appliquant ces principes à la consanguinité familiale, on peut dire d'une manière générale, qu'elle sera favorable ou défavorable aux produits, selon l'état des parents. Si les parents sont parfaitement sains et exempts de toute dégénérescence commençante, ils ne pourront donner naissance qu'à des descendants *au moins* aussi parfaits qu'eux. Si l'un des deux parents est seul atteint d'un commencement de dégénérescence, le descendant en sa qualité de produit moyen portera peut-être encore la trace de cette dégénérescence, mais sensiblement atténuée. Si les deux parents sont atteints séparément d'un commence-

S'il n'en est pas ainsi de l'union des différentes races d'hommes, la raison est tout simplement qu'elles ne descendent pas directement les unes des autres. Et de cet abatardissement des produits ressort encore une nouvelle preuve en faveur des idées que nous défendons.

Il nous resterait à parler de l'hybridité appliquée à la propagation d'un accident, d'une monstruosité. On sait que, quand nous unissons expérimentalement l'un à l'autre deux de ces accidents, deux individus dont l'organisme a été similairement dévié de son type naturel, « rien n'est plus difficile que d'empêcher ces accidents de se défaire (1). » A plus forte raison quand un seul des individus accouplés possède cette déformation, ce qui arrive toujours dans l'état de nature. Les races que nous pouvons produire ainsi sont des sortes de faits expérimentaux qui existent, mais d'où il serait illogique de conclure qu'ils existent naturellement. Parce qu'on fait dans un laboratoire de l'eau oxygénée, des mélanges d'hydrogène et de chlore, est-on conduit à admettre que ces corps puissent se rencontrer dans la nature? Bien au contraire, on déduit de leur instabilité même qu'ils n'existent pas et ne pourraient exister à l'état naturel.

ment de dégénérescence différente, l'une et l'autre devra se retrouver atténuée chez le produit. Enfin, si la même dégénérescence a déjà frappé les deux parents, le produit la montrera à un degré plus élevé et tendra par cela même à disparaître. (Voy. p. 107).

(1) Flourens, *Histoire des travaux de Buffon*, p. 180.

CHAPITRE VIII

L'ESPÈCE.

Nous voici parvenu au terme de la tâche que nous nous sommes proposée, et nous espérons, après ce qui précède, être en état d'arriver à une conclusion scientifique.

Après avoir cherché à établir dans l'introduction la marche à suivre dans les études anthropologiques, et réclamé là, comme pour le reste de l'histoire naturelle, un système de recherches purement philosophique écartant toute idée étrangère ou préconçue, et ne s'appuyant que sur les faits et sur le raisonnement à la manière des mathématiques, nous avons essayé de mettre ces principes en application.

Nous avons tenté d'abord de démontrer que l'homme n'était pas un être aussi étranger, aussi supérieur au reste de la nature animale que certains naturalistes l'avaient pensé, se prenant eux-mêmes, les premiers d'entre les hommes, comme point de comparaison. Nous avons considéré les races inférieures, et nous avons constaté que de celles-ci aux premiers animaux la distance n'était ni absolue ni bien tranchée, que l'homme rentrait tout entier dans la série zoologique et qu'il ne formait, en définitive, qu'une *famille* à part.

Changeant alors de direction, nous avons abandonné, pour ne nous en servir qu'ici, cette donnée acquise, et nous sommes passé à l'étude des variétés que présente l'homme ; nous les avons trouvées profondes et de toutes sortes.

Puis est venue l'étude des influences auxquelles l'homme peut être soumis. Nous avons vu que l'hybridité ne jouait là en réalité aucun rôle sérieux puisqu'elle ne pouvait jamais servir qu'à atténuer des différences préexistantes. D'autre part, nous avons reconnu que, *dans la limite des temps accessibles à notre connaissance*, rien ne justifiait l'hypothèse que les climats aient eu une influence assez étendue pour modifier l'homme au point d'établir entre les ancêtres et les descendants des différences telles qu'on les observe aujourd'hui, telles qu'elles suffiraient dans tout autre groupe zoologique à caractériser des espèces distinctes.

En regardant l'homme comme un règne à part, on est, par le fait, dispensé d'appliquer à son étude les mêmes règles qu'à la zoologie ; mais, en prouvant qu'il rentre dans la série animale, nous avons implicitement prouvé qu'il fallait le soumettre aux mêmes lois. La science ne peut avoir deux procédés différents ; elle doit suivre les mêmes voies dans les mêmes choses, pour arriver à des résultats comparables. C'est la seule marche vraiment philosophique : la nature est une, et le travail des sciences modernes est précisément de tendre à l'unité. Les phénomènes les plus divers entre les mains des analystes, se combinent, s'assimilent aux rayons de l'esprit de synthèse : magnétisme, électricité, lumière, chaleur, mouvement, tout se mêle, s'enchaîne si bien, qu'on ne sait plus faire la distinction.

L'adoption pure et simple de la loi d'unité organique nous conduit à la proposition suivante :

PROPOSITION. *Ou il faut admettre dans le genre Homme des espèces différentes, ou la classification zoologique est tout entière à refaire.*

C'est-à-dire, dans cette dernière hypothèse, que les travaux des Linné, des Cuvier, des De Blainville, des deux Geoffroy seraient nuls comme valeur, et qu'il faudrait recommencer le grand travail de classification sur les mêmes bases que celles qu'on veut adopter pour l'anthropologie.

Des deux termes de la proposition énoncée, le second mérite certaine considération. La classification zoologique a été créée et établie par les plus grands penseurs dont puisse se glorifier l'humanité ; de plus, indépendante par sa nature de tout rapprochement religieux, elle a été faite librement, en dehors de toute influence, comme doit être traitée toute question scientifique, avec les faits et le raisonnement. Il n'en a pas toujours été de même des travaux de ceux qui veulent que l'homme fasse exception à la Nature universelle et soit en dehors du règne animal. La classification zoologique n'est pas à refaire, c'est celle du genre Homme.

Nous touchons ici à la question si débattue, si

controversée de l'espèce et en même temps à la question des origines de l'humanité. Nous ne croyons pas, comme le prétendent des esprits éminents, que ces origines doivent éternellement rester cachées et qu'il ne soit jamais donné à l'homme d'arracher encore ce voile à la statue d'Isis. Qu'il nous suffise de dire que nous allons entrer sur un terrain glissant où nous ne trouverons, pour assurer notre marche, que des points épars comme les pierres d'un gué à moitié détruit par le torrent. Et parce que nous n'aurons çà et là que le secours fragile d'une hypothèse après tant d'autres pour appuyer la suite de nos raisonnements, est-ce une raison de reculer? — Nous ne le croyons pas.

Chaque époque dans chaque science a sa tendance; à des moments donnés les efforts de tous convergent involontairement vers un seul but, une question absorbe les autres, et toutes les solutions partielles tendent à la même solution générale. Aujourd'hui la grande question pendante en histoire naturelle est celle de l'espèce : on cherche avec ardeur, et de tous les côtés on apporte des matériaux, on produit des opinions, on soulève des objections. Nous n'avons qu'à rappeler ici les travaux d'Isidore Geoffroy, de Morton, ceux de MM. Nott, Godron, Broca, Darwin, Fée, etc... La question des générations spontanées n'est elle-même qu'une phase de la discussion, qu'un épisode dans le travail d'enfantement de l'époque.

On a fait de ce mot génération spontanée ou mieux

genèse spontanée (1), une sorte d'épouvantail. Et cependant c'est là une de ces vérités auxquelles, nous pensons, on reviendra conduit par l'observation des faits et par le raisonnement. Le grand tort dans l'examen de cette question, est de s'être étrangement mépris sur sa portée, d'en avoir restreint les limites. On a dit, en effet, que tour à tour on avait découvert des organes génitaux chez les êtres qu'on avait cru autrefois se reproduire spontanément. C'est là un argument spécieux dont Plutarque a fait justice il y a longtemps. Un personnage qu'il met en scène dans un de ses livres, se demande lequel a préexisté de l'œuf ou de la poule, et conclut que c'est évidemment la poule. Tout en traitant légèrement ce sujet, en en faisant un propos de table, le physicien grec ne se méprenait cependant pas sur l'importance de la chose : « Si bien, répond un des convives, qu'avec cette petite question de l'œuf et de la poule, comme avec un levier, on soulève la grande et lourde question de la génération du monde (2). »

Que les animaux que nous connaissons, se reproduisent tous par des œufs, c'est possible, quoique ce ne soit pas encore démontré ; mais là n'est pas le point important, c'est de savoir si tous les animaux que nous pouvons observer, ne remontent pas nécessairement, d'une manière plus ou moins directe, et

(1) Cf. Georges Pouchet, *Précis d'Histologie humaine*, § 5.

(2) « Ac Sylla quidem sodalis noster, fatus nos parva quæstione tanquam instrumento ingentem et gravem de origine mundi quæstionem subruere .... » *Quæstionum convivalium* lib. II, q. III. Trad. Edit. F. Didot, 1841.

plus ou moins loin dans le passé, à une genèse spontanée (1).

La difficulté est partout la même, partout nous arrivons à cette immense obscurité qui enveloppe les origines de la vie à la surface de notre planète, mais il est essentiel en tous cas de ne pas donner au phénomène des genèses spontanées une signification autre que celle qu'il doit avoir. Il ne faudrait pas croire, par exemple, que la matière se forme par agglomération en un être parfait ayant déjà tous ses organes distribués et proportionnés, réunissant en un tout vivant, des parties qui ne vivent pas encore. Ce serait se rejeter dans le champ d'une hypothèse absolument improbable. L'histologie nous apprend que tout animal — ses instincts, son intelligence compris — n'est à un moment donné qu'une masse de matière amorphe qui, plus tard, se façonnera, ou au milieu de laquelle se développera *spontanément* un élément anatomique, c'est-à-dire un corps organisé. Admettre la genèse spontanée, c'est donc simplement admettre en dehors d'un corps vivant déjà, la formation d'une matière organique amorphe primitive aux dépens et au

(1) C'est Buffon qui a dit (*Suppléments*, t. IV, p. 335) que cette manière de génération est non-seulement la plus fréquente et la plus générale, mais la plus ancienne, c'est-à-dire la première et la plus universelle. » — Plutarque (*Quœstionum conviv.* lib. II, q. III. Trad. Édit. F. Didot, 1841) fait la même remarque : « Proinde probabile est primum ortum ex terra gignentis perfectione ac robore absolutum fuisse, nihilque indigentem hujus modi instrumentis, receptaculis et vasis, qualia nunc ob imbecillitatem natura parat atque machinatur parientibus. »

sein de laquelle puisse naître l'élément anatomique initial d'un de ces animaux très-justement appelés *protozoaires*. On peut même se demander si cette vie latente primaire, cette vie atomique, n'a pas toujours été la vie dominante sur notre planète (1). Et comme, tout compte fait, nous ignorons d'une manière à peu près absolue les conditions nécessaires à la fécondité d'un tel blastème primitif, sauf quelques conditions physiques de température, de liquidité, etc., comme d'autre part rien ne nous autorise à croire que les lois existant à l'origine de la vie sur notre planète aient été abrogées depuis, on voit que s'il faut nécessairement conclure à une genèse spontanée primitive, il n'y a rien d'irrationnel à admettre jusqu'à nouvel ordre la persistance du phénomène.

Revenons à la question même de l'espèce dont nous ne nous écartons cependant pas en parlant des genèses spontanées. Isidore Geoffroy veut qu'on avance lentement dans cette question et seulement à mesure que les faits deviennent parlants. Mais lui-même a montré plus d'une fois par un noble exemple, tout le bénéfice qu'avait la science à s'élancer au delà des limites du *fait*, pourvu qu'on ait le soin de n'accorder à l'avance à tout ce que l'on va exposer, qu'une simple valeur hypothétique. Dans la question qui nous occupe, il faudrait, pour déduire la vérité des faits observés, embrasser à la fois du

(1) Il ne faut pas oublier qu'on a cru découvrir des substances organiques jusque dans la constitution de certains aérolithes.

regard le monde animal tout entier depuis son commencement; seulement alors ces rapports que la science cherche avec tant d'ardeur, apparaîtraient dans leur véritable jour. En raison de cette impossibilité, c'est surtout de la géologie, et peut-être de l'expérimentation, que nous devons espérer quelque lumière. « Que de faits nous seraient nécessaires, s'écriait Buffon, pour pouvoir prononcer et même conjecturer ! Que d'expériences à tenter pour découvrir ces faits, les reconnaître, ou même les prévenir par des conjectures fondées ! »

Deux opinions sur l'origine des espèces méritent seules de nous arrêter : celle de Cuvier et celle de Lamarck. Cette dernière avait été également l'opinion de Buffon à la fin de sa carrière et elle devait trouver dans Étienne Geoffroy un défenseur plus puissant à nos yeux qu'Isidore Geoffroy lui-même, et surtout que M. Darwin, auquel revient toutefois le mérite d'avoir propagé dans son œuvre populaire les idées de Lamarck.

L'opinion de Cuvier paraît encore dominante, elle est entourée de ce prestige scholastique qu'on traduit en disant qu'elle est classique : elle n'est qu'universitaire. Cuvier proclamait l'*immutabilité des espèces*, et voulait qu'à chaque révolution du globe (le mot faisait alors fortune) une nouvelle faune toute faite surgissant de la main de Jéhovah soit venue animer les paysages brûlants ou glacés de l'ancien monde. Mais Cuvier, en proclamant l'immutabilité organique, faisait une exception pour l'homme. Il est permis de douter qu'il fût de très-bonne foi : « Cuvier, plein de goût à l'égard des convenances politiques, » disait un fils de la République, son ancien maître devenu son adversaire, « Cuvier, se pénétrant de sages réserves relativement à l'avenir des sociétés, comprit qu'il ne fallait point que les nouvelles révélations sorties du sein de la terre en vinssent à se heurter et à se déchaîner avec une malignité hostile contre les vénérées et antiques révélations de nos livres saints (1). » Ce jugement, où Étienne Geoffroy a caché tant de colère et de mépris sous la plus parfaite urbanité, restera pour le fond, nous en sommes convaincu, le jugement de la postérité sur le naturaliste homme d'État, et sur ce qu'on appelle aujourd'hui en France la science *officielle*.

L'espèce était donc pour Cuvier une entité définie, et s'il eût été conséquent, il fût sans doute devenu le promoteur de cette idée, défendue aujourd'hui par Agassiz, qu'il y aurait eu après le dernier cataclysme plusieurs centres de création à la surface de la planète; sur chacun de ces centres serait apparue en même temps qu'une faune spéciale, une des espèces constituant le genre Homme. Ces différentes espèces d'hommes et ces différentes faunes auraient continué depuis, d'occuper les mêmes aires géographiques sans se modifier.

Dans la théorie de Cuvier comme dans celle d'A-

(1) E. Geoffroy, *Comptes rendus des séances de l'Académie des sciences*, t. V, p. 193.

gassiz, on donne donc à l'espèce une valeur absolue : elle est immuable ; elle peut disparaître, mais elle ne se modifie pas, en sorte que « chacune d'elles, comme avait dit Buffon alors qu'au début de sa carrière il partageait les mêmes idées, reste toujours séparée des autres par un intervalle que la nature ne peut franchir (1). »

Telle a été longtemps la théorie sur l'origine des espèces que nous-même avons partagée et que nous avons défendue dans la première édition de ce livre. En effet, la solution que nous allons proposer aujourd'hui, diffère notablement de celle que nous avons donnée alors. Mais de l'une à l'autre il y a en quelque sorte évolution plutôt que contradiction. Les différences qui séparent les hommes ne se sont pas amoindries et n'ont pas diminué de valeur à nos yeux, seulement nous expliquons autrement ces différences. Changer de manière de voir avec le temps, envisager autrement des choses qui, comme nous l'avons dit, manquent encore de base absolument certaine, modifier en cinq ans ses opinions sur l'origine des êtres animés à la surface de notre planète, ne saurait s'appeler contradiction, non plus que mobilité inconsidérée.

Pour Buffon arrivé au terme de sa laborieuse carrière l'espèce n'était déjà plus cette entité définie à laquelle devait croire Cuvier, commençant à un instant géologique donné, pour finir à un autre. Buffon,

(1) Cf. Isidore Geoffroy Saint-Hilaire, *Histoire naturelle générale*, t. III, p. 210.

dans ses derniers travaux proclame que la notion de l'espèce ne peut être saisie par l'homme que « dans l'instant de son siècle (1) » et qu'elle n'est que l'expression du milieu ambiant. Que celui-ci reste le même, elle ne changera pas; mais que les conditions de milieu viennent à se modifier, l'espèce changera. On arrive ainsi à cette définition :

DÉFINITION. « *L'espèce est une collection ou suite d'individus caractérisés par un ensemble de traits distinctifs dont la transmission s'accomplit naturellement, régulièrement et indéfiniment, dans un ordre donné de choses* (2). »

C'est en termes plus scientifiques la définition de Lamarck : « une collection d'individus semblables que la génération perpétue dans le même état, tant que les circonstances de leur situation ne changent pas assez pour faire varier leurs habitudes, leur caractère et leur forme (3). »

Lamarck, auquel Isidore Geoffroy a rendu meilleure justice qu'on ne l'avait fait avant lui et qu'on ne fait encore (4), admettait la *variabilité illimitée de*

(1) *Histoire naturelle*, t. IX, p. 127, 1761. — Étienne Geoffroy (*Comptes rendus*, t. III, p. 29) dit de même : « A l'égard de la constitution actuelle du globe chaque race est une espèce *sui generis*, une forme, une combinaison à part dans la nature. »

(2) Les termes de cette définition sont presque entièrement empruntés à Isidore Geoffroy. En la terminant par ces mots « *dans l'ordre actuel des choses*, » Isidore Geoffroy ne définissait que l'espèce actuelle, et éliminait sans raison les espèces paléontologiques.

(3) Lamarck, *Discours de l'an XI*, p. 45.

(4) Voy. Flourens, *Examen du livre de M. Darwin sur l'origine*

l'espèce. Il admettait que nous descendons tous, tant que nous sommes, d'un élément anatomique développé dans un sens déterminé, et que nous avons été vers, insectes, oiseaux, mammifères avant d'être hommes, parcourant à notre tour pendant la vie utérine toutes les phases par lesquelles avait passé l'organisation animale. On voit que Lamarck abordait franchement et résolûment le problème des origines de l'humanité.

A ne prendre superficiellement que certaines exagérations dans lesquelles dut tomber Lamarck à une époque moins riche de faits que la nôtre, il n'est pas bien difficile de donner à ses idées une certaine tournure grotesque et de les railler en les dénaturant ; mais ce n'est pas ainsi qu'on juge le travail entier de la vie d'un homme, et c'est par le fond de sa doctrine plus que par les exemples qu'il a donnés, qu'il importe d'apprécier Lamarck, « profond philosophe, disait Étienne Geoffroy (1), habile à poser des principes, moins habile dans le choix de ses preuves. »

Il faut juger Lamarck comme a fait Isidore Geoffroy dans son *Histoire naturelle générale* où l'on trouve un exposé chronologique aussi complet

des espèces, grand in-18 anglais, Paris, 1864. On est au moins étonné de ne trouver qu'une seule fois à peine dans un tel ouvrage le nom des Geoffroy (p. 45). Et cependant M. Flourens reproche à M. Darwin de ne citer que les partisans de ses doctrines (p. 40).

(1) *Sur l'influence du monde ambiant*, 1831 (*Mémoires de l'Académie des sciences*, t. XII, p. 81).

qu'impartial de la grave question de l'espèce (1). « Les circonstances influent sur la forme et l'organisation, » tel est le principe fondamental de la doctrine de Lamarck (2) ; il dit de même ailleurs (3) : « Les circonstances déterminent positivement ce que chaque corps peut être. » Et il conclut : « Parmi les corps vivants, la nature n'offre que des individus qui se succèdent les uns aux autres. Les espèces parmi eux ne sont que *relatives* et ne le sont que temporairement (4). »

Si de ces considérations générales nous entrons dans les détails de la théorie de Lamarck, c'est là que nous allons trouver place à ces objections dont les adversaires du système de la variabilité se sont emparés, dont ils se sont fait des armes empoisonnées de ridicule, qui portent si bien dans les esprits non prévenus et qui ignorent l'ensemble des idées du maître. La grandeur des vues de Lamarck, la majestueuse simplicité de sa théorie auraient dû pourtant suffire à la mettre à l'abri de pareilles attaques. Il voyait à l'origine la matière organique se groupant sous des formes simples. Ces premières ébauches, transformées par le tem pset par les circonstances, avaient successivement donné

(1) T. II, 2e partie, 1859.

(2) *Philosophie zoologique*, t. I, p. 221.

(3) *Système des connaissances positives*, 1820, p. 143.

(4) *Discours de l'an XI*, p. 45. — Il dit encore dans un autre passage (*Philosophie zoologique*, t. I, p. 66) : « Ce qu'on nomme espèce n'a qu'une constance relative dans son état, et ne peut être aussi ancien que la nature. »

naissance aux rayonnés, aux mollusques les plus inférieurs, aux articulés, puis aux derniers poissons, puis à l'homme.

C'est là, selon nous, une première erreur : s'il existe quelque part dans le règne animal une différence immense, infranchissable (jusqu'à nouvelles découvertes), c'est entre les vertébrés et les invertébrés. Pendant que les premiers offrent une unité de composition organique admirable, les seconds ne semblent pas en avoir, de sorte qu'ils se refusent presque absolument à la disposition sériale ou linéaire. Chacun des groupes qu'ils forment, est uni par quelque particularité à tous les autres groupes, et les naturalistes ont même pu varier sur celui qu'il fallait considérer comme le plus élevé dans l'échelle animale. L'organisation des invertébrés possède une flexibilité, une variété immense qui est comme un caractère spécial à ces êtres où le système nerveux cesse de présenter l'unité profonde qu'on trouve chez les vertébrés, pendant que le groupe tout entier n'a qu'un caractère négatif, le *manque de vertèbres*, ce qui suffirait seul à démontrer combien il est peu naturel. Au reste le vertébré, même aux premières époques de sa vie embryonnaire, est absolument irréductible à un type quelconque des invertébrés, contrairement à l'opinion de Lamarck. Un vertébré est à un invertébré comme deux nombres premiers sont entre eux ; tous les vertébrés, au contraire, sont entre eux comme un même nombre simple élevé à des puissances différentes; ils peuvent tous être ramenés les uns aux autres, et les plus compliqués, les plus élevés dans la série, ne sont que les plus simples parvenus à un état de perfectionnement considérable.

Un côté encore plus faible de la théorie de Lamarck, celui-là même qui n'a jamais cessé d'exercer la verve pédante de ses adversaires, c'est assurément l'influence prononcée qu'il attribuait aux *actions* et aux *habitudes* des êtres organisés, pour les modifier ainsi eux-mêmes par eux-mêmes. « L'habitude d'exercer un organe, disait-il, lui fait acquérir des développements et des dimensions qui le changent insensiblement, en sorte qu'avec le temps elle le rend fort différent. Au contraire, le défaut constant d'exercice d'un organe l'appauvrit graduellement et finit par l'anéantir (1). » Mais il ne faut pas croire que Lamarck attribuât toujours à ces changements une rapidité appréciable par nous-mêmes. Si quelques passages de ses œuvres peuvent porter le lecteur à penser ainsi, il est évident que ce ne sont là que les écarts d'un grand esprit, toujours faible à l'endroit des idées qu'il a créées et qu'il a nourries : Lamarck sentait très-bien qu'un *temps infini* est la condition de la variabilité illimitée (2).

M. Darwin est le continuateur direct de Lamarck,

(1) Lamarck, *Organisation des corps vivants*, p. 53.

(2) Pour la nature « le temps n'a point de limite, et en conséquence elle l'a toujours à sa disposition. » Lamarck, *Système des animaux sans vertèbres*, 1801, p. 13.

et le succès de son livre en Angleterre et en France est, selon nous, un indice du progrès qu'ont fait les idées scientifiques depuis Cuvier, dans la voie de la liberté et de l'indépendance. M. Darwin admet comme Lamarck la variabilité illimitée : il pense que tous les animaux doivent descendre de quatre ou cinq types primitifs au plus, et les plantes d'un nombre à peu près égal; il est presque disposé à n'admettre qu'un seul type primordial pour toute la nature organique (1).

M. Darwin nous semble seulement, tout en défendant une cause excellente, être tombé dans une exagération fâcheuse ou plutôt dans une erreur d'interprétation déjà reprochée à Lamarck. Sans parler ici du rapprochement — forcé, à notre avis — que M. Darwin fait des animaux sauvages et des animaux domestiques, rapprochement sur lequel nous nous sommes expliqué plus haut (p. 122), le savant anglais nous semble avoir infiniment trop accordé à l'action individuelle dans la production des modifications spécifiques. Il voit une activité puissante qu'il appelle *élection naturelle*, là où nous ne savons voir qu'une passivité absolue. Nous nous expliquons : au milieu de cette concurrence vitale, qu'il a en partie si bien décrite, au milieu de cette lutte

(1) Darwin, *On the Origin of Species*, London, 1861, p. 518 : « I believe that animals have descended from at most only four or five progenitors, and plants from an equal or lesser number. — Analogy would lead me one step farther, namely to the belief that all animals and plants have descended from some one prototype. »

immense où tout ce qui a vie sur la planète, est engagé l'un contre l'autre ou contre tous, sur cet éternel champ de bataille où les vainqueurs vivent des vaincus, M. Darwin suppose qu'un animal apporte au monde avec lui *par hasard* quelque modification psychologique, ou quelque disposition anatomique, qui lui sont individuellement avantageuses pour cette grande lutte de la vie ; dès lors il aura chance d'être parmi les vainqueurs, de s'unir à un autre animal aussi heureusement doué de naissance pour avoir également vaincu ; ils laisseront ensemble une nombreuse postérité, et il y a toute chance pour que quelques-uns des descendants d'un tel couple héritent de la même disposition instinctive ou de la même conformation; en définitive, et par l'action répétée de ce procédé naturel, une nouvelle variété pourra se former et supplanter l'espèce mère ou coexister avec elle (1).

Telle est en deux mots la théorie de l'Élection naturelle. Pour nous il y a ici fausse interprétation des faits : nous ne croyons pas à ce *hasard* d'une disposition native qui se transmette ainsi pour devenir avec le temps un caractère spécifique. Nous avons montré, en parlant de l'hybridité (voy. p. 158), qu'une disposition native *individuelle* doit toujours disparaître par le fait même qu'elle est individuelle ; elle s'éteint forcément par le croisement à la

(1) Cf. Darwin, *On the Origin of Species*, 1861, p. 96.

dixième génération, si ce n'est pas à la première, au milieu d'une population qui ne la possède pas. Nous admettons bien, comme Lamarck, que les espèces se forment les unes des autres par l'apparition de modifications organiques plus ou moins prononcées, mais nous ne laissons, dans la manifestation de ce phénomène, rien au hasard, comme M. Darwin, et nous ne voyons là que l'application de lois générales.

Ce n'est pas un animal ou deux qui naîtront un beau jour, avec une disposition psychologique ou anatomique toute spéciale, destinée à se généraliser par la génération; ce seront *tous* les individus d'une même espèce dans un certain rayon, qui naîtront avec une modification organique à peine sensible, résultant, selon toute apparence, d'une action de milieu aussi peu sensible pour nous, et qui aura déjà depuis longtemps commencé de se faire sentir sur les parents. La variété nouvelle se propagera tout naturellement, puisqu'elle est générale, et ne fera même qu'augmenter avec chaque génération tant que la cause modificatrice continuera d'agir.

Étienne Geoffroy avait été le digne continuateur de Lamarck avec un esprit plus large et plus philosophique. Il ne tomba jamais dans les exagérations de celui-ci, non plus que dans les applications restrictives du système, comme M. Darwin. Voici en quels termes Isidore Geoffroy résume (1) la doctrine

(1) *Histoire naturelle générale*, t. II, p. 421 (1859).

de son père : « L'espèce est variable sous l'influence du milieu ambiant ; donc des différences, plus ou moins considérables selon la puissance des causes modificatrices, ont pu se produire dans la suite des temps, et les êtres actuels *peuvent* être les descendants des êtres anciens. » Cette doctrine est la nôtre.

Quant à la doctrine de la *variabilité limitée* que formule Isidore Geoffroy, nous ne savons y voir qu'une restriction peu heureuse des idées de son père, qu'une de ces erreurs où tombent parfois les esprits les plus judicieux. « Limitée » veut-il dire qu'il y a un point où ces variations s'arrêtent, et par conséquent un point où elles ont commencé ? que telles espèces animales voisines dérivent d'un prototype donné assez semblable à elles et sans antécédents d'aucune sorte dans le monde organique? C'est revenir à Cuvier. — « Limitée » veut-il dire que les modifications ne seront pas considérables dans l'état actuel des choses, en raison de cet état actuel peu ou point modifié ? Mais cela va de soi, du moment que l'on admet la variabilité *en raison* du milieu. C'est conduit par cet ordre d'idées qu'Étienne Geoffroy, bornant sa vue au court espace de temps que mesure l'histoire, et croyant découvrir que les climats actuels ne modifient pas sensiblement les espèces actuelles (1),

(1) « L'observation des espèces dans l'état de la nature, en nous révélant une multitude de modifications plus ou moins légères, ne saurait nous rendre témoins d'aucune déviation grave des types formés ou conservés sous l'influence de l'ordre

s'était demandé, « s'il n'y avait pas eu sur la terre, des révolutions si sensibles, si grandes, des perturbations telles que leurs influences aient pu être énormes, pendant que de nos jours les changements auraient été en raison du peu de puissance des effets, c'est-à-dire à peu près nuls. » Et il expliqua tout par cette théorie commode des cataclysmes géologiques.

Avant d'aller plus loin, examinons ce qu'on doit penser de ces bouleversements de l'écorce terrestre invoqués par Étienne Geoffroy. Or, à notre avis, nous n'avons pas la preuve bien authentique que le passé de notre planète ait été marqué par d'aussi effroyables révolutions; et la géologie n'en livre pas, selon nous, la tradition aussi claire qu'on a bien voulu le croire. Nous pensons, et ce n'est pas ici le lieu de le démontrer, que si les changements survenus à la surface du globe ont été considérables, ils ont dû être lents en proportion, résultant moins d'efforts subits et puissants que de ces actions petites et continues (1) où la Nature déploie toujours ses plus formidables énergies, mais dont le souvenir des hommes, borné dans le temps, est incapable à mesurer la marche. En général notre esprit saisit mal la notion de durée au delà de certaines limites. Il n'en est pas de même de la notion de force. De

actuel des choses. » Isidore Geoffroy, *Vie d'Étienne Geoffroy*, p. 349.

(1) Cf. Leibnitz, *Protogée*, trad. par Bertrand de Saint-Germain. Introd., p. LXI.

là la croyance aux cataclysmes. En présence d'effets gigantesques, l'esprit, dans l'appréciation des facteurs de ce produit, a fait ce que nous faisons chaque jour en mécanique : *il a converti le temps en force*. Il est certain que les forces peu énergiques mais continues (partout les plus puissantes) ont dû jouer un bien plus grand rôle dans l'histoire de notre globe, que ces ébranlements qu'on a pris l'habitude de voir partout. Nous pensons qu'il y a à faire en géologie toute une révolution, l'étudiant de haut en bas, non plus de bas en haut ; substituer en un mot la géologie synthétique à la géologie analytique. Après s'être bien rendu compte des phénomènes contemporains, sans doute on arriverait à lire simplement dans le passé géologique la trace d'une évolution lente accomplie sous l'empire des mêmes forces qui préparent aujourd'hui pour l'avenir, de nouveaux terrains, de nouvelles saillies, de nouvelles dépressions et un nouveau monde organique à la surface de la planète. S'il est probable que l'atmosphère ait changé dans certaines limites, si la nature des eaux a dû aussi se modifier, du moins, ces abîmes, ces chaînes de montagnes que nous voyons, ces continents submergés dont on parle, tous ces phénomènes géologiques ont pu n'être que le résultat des forces qui agissent encore sous nos yeux ; la comparaison des animaux qui existaient autrefois avec ceux qui existent aujourd'hui, montre même, comme nous le verrons plus loin, que les conditions de vie n'ont pas sensiblement changé à la surface du globe depuis la formation des terrains sus-jacents aux terrains métamorphiques. Nous nions que la terre traverse actuellement une période de repos, et nous ne croyons guère qu'elle ait jadis été plus bouleversée. Depuis l'âge des premiers vestiges de vie organique que nous trouvons dans les plus anciens terrains, nous pensons que la planète n'a pas cessé de marcher dans une voie d'existence calme et continue; nous pensons, en un mot, que les phénomènes géologiques de toutes sortes auxquels nous assistons aujourd'hui, sont l'histoire exacte du passé, où quelques phénomènes volcaniques violents ont également pris place, mais d'une manière toute sporadique. « Le jour n'est peut-être pas éloigné, disait en 1858 M. Ed. Lartet à l'Institut (1), où l'on proposera de rayer le mot cataclysme du vocabulaire de la géologie positive. » Ce jour approche de plus en plus (2).

Avant d'essayer à notre tour une théorie du règne animal vertébré — le seul qui doit nous occuper — à la surface de la planète, nous demandons seulement qu'on veuille bien supposer avec

(1) *Comptes rendus des séances de l'Académie*, 22 février 1858.

(2) On nous saura gré de publier ici l'extrait suivant d'une lettre que nous adressait Isidore Geoffroy Saint-Hilaire le 3 juin 1860, et qui se rapporte à toutes ces questions : « ..... J'ai dit, il y a déjà deux ou trois ans, dans mon cours (ce que j'ai appris par M. Lartet, qui a relevé cette expression dont je ne me souvenais plus), que le mouvement actuel de la science tendait à substituer en géologie l'idée d'*évolution du globe* à celle de *révolutions*. M. Lartet a repris cette vue en y adhérant. Elle m'importe beaucoup, au point de vue de mes travaux

nous ce qu'Étienne Geoffroy appelait *un temps quelconque considérable*. Ceci n'est pas sans difficulté, nous le savons, et nous venons de le dire. Nous voudrions qu'on considérât les trente mille ans, époque maxima à laquelle nous consentons à faire remonter le plus lointain souvenir des hommes, comme étant à l'âge qui nous sépare des premières matières organiques précipitées au sein des eaux, dans la même proportion que le rayon de la terre est à la distance qui sépare notre soleil de la plus lointaine étoile de la nébuleuse la plus lointaine que puisse observer le meilleur télescope. Seule l'étendue des cieux peut nous donner une idée de l'étendue du passé.

Ceci convenu, voici en quelques mots comment nous nous représentons l'histoire du développement organique sur la terre, sans nous dissimuler toutefois l'immense obscurité qui enveloppe en fait ces origines. Nous n'exprimons ici qu'une hypothèse. Il suffira seulement de voir si cette hypothèse peut cadrer d'une manière suffisante avec les faits observés aujourd'hui à la surface et dans les entrailles du globe.

A l'origine du monde vertébré, puisque nous n'examinons que lui, il semble rationnel d'admet-

sur l'espèce, à l'égard de laquelle il faut aussi substituer la notion d'*évolution* à celle de *révolution* : les révolutions sont ici les prétendues créations brusquement successives. Il est temps d'en finir en histoire naturelle avec ces vues qui, au lieu de prendre la création une fois faite, font à chaque instant intervenir le *Deus ex machina*. »

tre un blastème primordial que rien d'ailleurs ne nous empêche de considérer comme une combinaison nouvelle et spéciale des matières organiques dérivant du monde invertébré qu'on peut croire avoir préexisté. — Au sein de ce blastème serait apparu par genèse spontanée le premier organisme se rattachant au type vertébré. Celui-ci fut sans doute un simple élément anatomique, comme ceux que tous les jours l'histologiste voit se former dans certains liquides granuleux de l'économie.

Nous ne concevons pas qu'on se figure autrement les origines de la vie, car admettre, comme semble avoir fait Isidore Geoffroy dans certains passages de ses œuvres, que la volonté capricieuse d'un Dieu soit venue un jour peupler la terre d'êtres parfaits fonctionnant subitement, et immédiatement aptes à se reproduire semblables à eux-mêmes, c'est admettre un miracle ; et les sciences exactes nous apprennent aujourd'hui ce qu'il faut penser de toutes ces interventions divines passées ou présentes.

Nous défions qu'on sorte de cette alternative : ou la création instantanée et miraculeuse d'un certain nombre d'animaux parfaits ; ou l'évolution successive, c'est-à-dire l'idée de Lamarck, modifiée dans le sens des connaissances nouvelles que résument à notre époque, d'un côté la géologie, et de l'autre l'anatomie philosophique.

Revenons à cet élément anatomique primordial

que nous appellerons si l'on veut *individu-élément*. Il représente virtuellement un animal vertébré, comme l'ovule détaché de l'ovaire de la femme représente un homme qui n'attend plus que les circonstances favorables pour se développer. Cet individu-élément, dans notre hypothèse, se serait reproduit d'abord simplement; puis, avec un temps quelconque considérable, ses descendants auraient peu à peu, dans leur sphère d'activité propre, donné naissance à d'autres éléments juxtaposés à eux-mêmes, se perfectionnant ainsi et s'identifiant de plus en plus avec le type vertébré tel qu'il s'offre à notre observation. Après un temps quelconque considérable seraient apparus des vertébrés d'une organisation aussi simple que celle des mixines et des lamproies. Enfin après un nouveau laps de temps quelconque considérable, des millions de siècles plutôt que des milliers, ces animaux à vertèbres élémentaires auraient successivement donné naissance par transformation à tous les vertébrés qui peuplent aujourd'hui le globe.

Nous devons placer ici une remarque importante. Avons-nous prétendu par ce qui précède, que les vertébrés aujourd'hui existants et les vertébrés fossiles descendent tous du même individu-élément prototype dont nous admettons l'existence. En un mot prétendons-nous que tous les vertébrés présents et passés ont la même généalogie, et sont tous parents. Cela pourrait être sans doute. Mais rien ne nous force à admettre qu'il ait une fois existé sur la planète des conditions propres à la naissance de cet individu-élément prototype, et que depuis, jamais ces circonstances ne se soient représentées; en sorte que les vertébrés les plus simples de notre temps pourraient très-bien descendre d'une genèse spontanée moins ancienne que les mammifères et l'homme. Rien n'empêche une telle supposition. Il n'en coûte pas davantage d'admettre qu'un simple élément organique s'est formé un jour, doué d'une vie propre et, de plus, d'une vie latente qu'il pouvait avec le temps et dans des circonstances données, diffuser autour de lui; il n'en coûte pas plus d'admettre cela que d'admettre que de semblables éléments aient à diverses reprises pris naissance.

Cette dernière supposition peut même être regardée comme d'autant plus probable qu'il nous faut renoncer complétement, pour expliquer les transformations spécifiques, à cette influence des révolutions géologiques qu'invoquait Étienne Geoffroy. Nous avons vu plus haut que celles-ci étaient loin d'être prouvées ; nous pouvons ajouter à l'appui de notre assertion un fait qu'on ne nous paraît pas avoir assez remarqué. Quand ces révolutions auraient existé, nous avons la preuve qu'elles n'ont que très-peu modifié à la surface du globe les conditions de vie, au moins depuis les temps profonds où se sont déposés les premiers terrains de sédiment : qu'on fouille à quelques mètres dans l'Océan, la drague ramène des térébratules, des encrines, c'est-à-dire des animaux identiques à ceux qu'on trouve dans ces anciens terrains de sédiment ! N'est-il pas remarquable que le fossile le plus bas placé dans l'échelle stratigraphique des couches de l'écorce terrestre, le fossile le plus ancien que nous connaissions en un mot, soit précisément cette même *térébratule* qui vit encore dans nos mers ? Qu'en faut-il conclure ? — C'est qu'il existait alors sur le globe, au moins dans une certaine étendue, des conditions de vie aquatique sensiblement identiques à celles qui subsistent encore de nos jours.

Que toutes les espèces des vertébrés descendent d'une seule genèse spontanée à l'origine, ou de plusieurs successives, peu nous importe au reste, puisque dans ce second cas les individus-éléments primordiaux qui seraient ainsi apparus à différentes époques, auraient toujours offert entre eux les plus grandes analogies.

Voici, d'après tout ce qui précède, comment on pourrait, selon nous, représenter par une figure graphique l'ensemble du règne vertébré (1) dans le présent et dans le passé. Qu'on imagine une figure conique ; l'individu-élément dont nous avons parlé, en

(1) On s'étonnera peut-être de nous voir appliquer aux vertébrés le nom de *règne*. C'est qu'en vérité la distance qui les sépare des autres animaux, nous semble presque plus grande et surtout plus tranchée que celle qui sépare les invertébrés des végétaux.

occuperait le sommet. De ce point un faisceau de lignes droites peu nombreuses d'abord, iraient se bifurquant, se ramifiant, se multipliant toujours avec plus ou moins de régularité, mais de manière à figurer au total un cône immense (1).

Chacune de ces lignes droites représenterait une *modification spécifique accomplie* après un nombre quelconque de générations sous l'action combinée du milieu ambiant et d'un temps quelconque considérable; en autres termes, chaque ramification représenterait une espèce ayant existé ou existant encore sur notre planète. La longueur de chaque ligne mesurerait de son côté le temps qu'a vécu l'espèce en question. Ces lignes ne convergeraient jamais, parce que nous ne croyons pas à la création d'espèces permanentes par hybridité (voy. p. 145).

Maintenant il faut que l'esprit admette ici toutes les combinaisons possibles : certaines espèces ont disparu sans en produire aucune autre après elles; — d'autres espèces existent actuellement sans que nous ayons notion d'une seule des espèces intermédiaires qui les ont reliées aux espèces primitives; — d'autres ont subsisté peu ou point modifiées depuis l'antiquité la plus haute jusqu'à nos jours, devenant ainsi à travers les temps contemporaines des descendants transformés d'espèces fossiles dont elles ont

(1) La figure que M. Darwin a jointe à son livre *On the Origin of Species*, n'est à tout prendre qu'une fraction, qu'un détail de la figure générale que nous essayons de mettre ici devant l'esprit du lecteur.

été jadis les contemporaines aussi; — même il n'est pas impossible que certaines espèces se succédant aient présenté une évolution rétrograde, en sorte qu'il ne faudrait pas toujours conclure que par cela seul qu'un animal est inférieur à un autre, il l'a précédé dans la durée; — sans aller jusque-là, l'évolution de certaines espèces a pu présenter un long temps d'arrêt pendant que toutes les autres progressaient autour d'elles, en sorte qu'elles ont paru reculer. C'est ce qui a fait dire à M. Michelet (1) que « la nature n'a pas marché avec l'ordre d'un flot continu, mais avec des retours, des reculs sur elle-même, qui lui permettaient de s'harmoniser. » Ces temps de repos dans l'évolution spécifique, aussi bien que l'hypothèse admise déjà par nous de genèses successives, expliquent commment les couches stratifiées de l'écorce du globe, tout en nous montrant de bas en haut ce qu'on pourrait appeler des moyennes organiques plus parfaites, dévoilent en même temps à nos yeux çà et là un certain nombre d'espèces inférieures en organisation à celles des terrains plus anciens.

Quant à expliquer comment une partie des espèces anciennes a pu se modifier pendant qu'une autre est restée stationnaire, il faut bien admettre que toutes ces influences de *milieu* ont toujours été exclusivement locales, en sorte que tous les vertébrés coexistants n'ont jamais pu en subir à la fois l'in-

(1) *L'Insecte*, 1858, p. 128.

fluence. Il faut entendre par milieu : *l'ensemble de toutes les circonstances, passées ou présentes, pouvant influer d'une manière quelconque, médiatement et immédiatement, sur l'organisme.* Les ascendants d'un animal, aussi bien que le soleil qui le réchauffe et les parasites qui le dévorent, font partie de son milieu.

Mais s'il est facile d'expliquer la variété par le milieu, il est à côté une difficulté à laquelle l'esprit se heurte : Comment expliquer la variété ascendante et progressive? Devons-nous croire à une finalité quelconque, à un but assigné d'avance? Nous ne le pensons pas. La finalité est une sorte de prévision divine, et le monde dans cette hypothèse est encore en tutelle, nous aimons mieux croire à l'intelligence créatrice. Un exemple fera comprendre notre pensée. Dans le monde végétal ceci nous frappe : les végétaux les plus simples en organisation sont précisément ceux qui se rapprochent le plus des animaux par leurs manifestations physiologiques (1). Les végétaux qu'on appelle *supérieurs* en se plaçant au point de vue organographique, sont en réalité inférieurs, en sorte que des végétaux simples aux dicotylédones qui leur ont nécessairement succédé, il y a eu en réalité marche rétrograde de la vie, au lieu de la marche ascendante du règne animal. Est-ce dans la présence d'un système nerveux qu'il faut chercher la raison

(1) Prédominance des principes immédiats azotés, respiration comparable à celle des animaux, mouvements volontaires, indivisibilité de l'organisme, etc.

de cette différence? nous inclinons à le penser. On admettrait alors que l'organisme peut tendre à se modifier par un acte *inconscient* de volonté, analogue à ceux qui régissent la plupart des actions physiologiques ; ce serait quelque chose comme cet accroissement possible de la tête sous l'influence de la civilisation, dont nous avons parlé plus haut. Et pendant que toutes les variétés spécifiques résulteraient chez les végétaux de l'influence du milieu physique, il faudrait, pour les animaux, faire entrer dans la notion de ce milieu l'activité nerveuse des ascendants.

A côté de cette influence créatrice, il faut bien reconnaître au *milieu* une influence destructive parallèle. Or celle-ci, nous pouvons l'apprécier tous les jours. Le présent nous raconte le passé, et l'on ne saurait douter que les espèces ne soient disparues jadis comme nous en voyons encore disparaître sous nos yeux par la manifestation de quelque condition nouvelle de milieu ; celles-ci peuvent être subites : phénomènes volcaniques, inondations, variations extrêmes de température, maladies, famines, ennemis, toutes les hypothèses sont possibles et toutes également réalisables; le dronte est disparu depuis quelques années détruit par l'homme; on prétend que l'aptérix disparaîtra de même, mangé par les chats. Mais les actions lentement destructives furentsans aucun doute bien autrement importantes, et c'est ici que trouvent place tous les phénomènes si bien décrits, et si bien interprêtés par M. Darwin (1) sous le nom de Concurrence vitale. C'est par elle que nous voyons, même depuis les temps historiques les plus récents, certains animaux sauvages, comme le lion (2), le crocodile (3), l'hippopotame (4) reculer devant l'homme; c'est par elle que le rat noir disparaît en Europe sous la rivalité du rat mulot; c'est par elle qu'une race d'hommes sauvages disparaît quand son pays vient à être habité par une race plus civilisée, même quand les victorieux de cette lutte organique autant que politique n'ont à se reprocher aucune cruauté.

Appliquons maintenant à l'homme la théorie que nous essayons de faire prévaloir sur l'origine des espèces; car il n'existe aucune raison de penser que l'homme ait fait exception à la règle commune. Avant tout rappelons que les races humaines ne sauraient se prêter à aucune disposition en série naturelle. Il est aussi impossible au naturaliste de désigner aujourd'hui une race dont toutes les autres

(1) Cf. *On the Origin of Species*, chap. III.

(2) Les lions gênèrent l'armée de Xercès en Macédoine. — Ils abondaient dans la province d'Afrique au temps des empereurs romains. — Aujourd'hui le chasseur Gérard, pour en tuer trente ou quarante, a dû passer près de trois cents nuits à l'affût.

(3) Le crocodile, qui pullulait autrefois sur le Delta, ne se trouve plus de nos jours que dans la Haute-Égypte.

(4) L'hippopotame, depuis l'occupation romaine, a successivement été refoulé des bouches du Nil à la quatrième cataracte. Il y a quelques années, il en existait encore un, un seul, à l'île d'Argo en deçà du Nouveau-Dongolah. Les chasseurs du pays le tuèrent, et depuis on n'en rencontre plus qu'au niveau de Berber.

seraient dérivées, parallèlement ou successivement, qu'à l'historien de retrouver dans le passé la trace d'une humanité homogène (voy. p. 117). Si même une telle uniformité avait jamais existé, comment en aurait-on gardé le souvenir, car il est bien évident que cette forme primitive constituant à l'origine tout le genre humain eût été une forme inférieure quelconque, telle que le nègre ou le boshiman par exemple, la nature marchant en général de l'infériorité à la perfection. Ce fut longtemps l'opinion de Prichard, et certains monogénistes la partagent encore aujourd'hui. Cette hypothèse qui rentre au fond dans la doctrine de l'évolution, n'a en elle-même rien de choquant, nous ne lui faisons qu'un reproche, c'est d'admettre comme démontrée cette filiation qui rattacherait *directement* l'un à l'autre tous les groupes composant aujourd'hui le genre Homme. Pour notre part, nous voulons seulement étendre la même manière de voir, la généraliser et la mettre en rapport avec cet inconnu immense qui est derrière nous, et dont les monogénistes ne tiennent pas assez compte. Nous disons : Dans la nuit des temps, il a existé une certaine espèce, moins parfaite que l'homme le plus imparfait, remontant elle-même par un nombre quelconque d'espèces intermédiaires dont il nous est d'ailleurs impossible quant à présent de soupçonner la nature, à ce vertébré primordial que nous admettons. Cette espèce, grossière ébauche de ce qu'est l'homme maintenant, donna naissance avec un temps quelconque considérable, à plusieurs autres espèces dont l'évolution parallèle et inégale, suivant ce que nous avons dit pour les animaux (p. 186), a aujourd'hui pour expression contemporaine (mais non dernière) les différentes *espèces* humaines désignées sous le nom de races. En sorte que toute l'humanité serait parente, si l'on veut nous permettre cette expression, non pas dans le *sens sérial*, comme le pensent les monogénistes, mais dans le *sens collatéral* et à un degré qu'il ne nous est pas donné de déterminer, les races prognathes probablement moins déviées de ce type antérieur, les autres plus écartées de ce type et plus parfaites.

On peut voir, et nous tenons à le faire remarquer, que nous ne prétendons pas plus faire descendre l'homme du singe, que le blanc du nègre ; mais il n'est pas impossible selon nous que les espèces d'hommes, aussi bien que ces grands singes dont la parenté choque si vivement nos vanités, ne remontent infiniment loin dans le passé à une espèce unique inconnue dont la descendance, soumise à des influences multiples, se serait modifiée dans des directions diverses en raison de ces influences diverses.

Nous admettons donc que l'espèce est un moment d'une évolution constante, qu'elle n'existe pas par elle-même, et qu'elle n'est qu'une appréciation de nos sens localisée dans le temps. Pour nous, si l'espèce est fixe, c'est à la manière du soleil. C'est-à-dire que nous n'en pouvons percevoir le mouvement tant nous sommes peu de chose. Il faut des milliers de siècles peut-être pour constater un déplacement solaire ou une transformation spécifique. C'est ce qui rend si difficile la détermination des espèces, dont les unes peuvent être considérées comme en voie de formation par rapport aux autres. La difficulté est la même pour l'homme que pour les animaux. Nous n'oserions pas contredire, par exemple, l'opinion de ceux qui voient dans les populations hindoues, germaines et celtiques trois espèces en cours de formation, dérivant probablement toutes trois d'une espèce antérieure à laquelle l'histoire essaye aujourd'hui de donner un nom : l'espèce Arya dont on fait une si noble peinture et qu'on croit primitive parce qu'elle est à l'horizon historique, comme les anciens voyaient dans l'Océan les bornes du monde. — Demain peut-être quelque découverte dans un pauvre champ d'Asie arrachera aux Aryas cette noblesse de traits et d'intelligence qu'on leur fait si complaisamment. C'est à la paléontologie humaine, à elle seule, à nous éclairer sur l'origine des types humains actuels ; seule elle peut nous conduire d'une marche assurée, au grand problème de leur origine.

Mais la géologie et la paléontologie qui en dépend, ont cette destinée singulière d'offrir à la fois de grandes certitudes et des doutes à jamais insolubles. La stratification des terrains, par exemple, nous donne très-nettement la notion de succession de ces terrains les uns par rapport aux autres. Mais elle nous laisse dans l'ignorance absolue sur tout ce qui s'est passé entre le dépôt d'un terrain et le dépôt de celui que nous rencontrons au-dessus : dans cet inconnu de la durée tout peut prendre place, dix terrains se sont peut-être superposés là, et puis ont été si bien balayés que nous n'en retrouvons plus la trace! Qui nous dira les continents engloutis par la mer; n'a-t-elle pas déjà broyé sous ses vagues, le plus grand nombre de ces *médailles* des âges passés, qui nous serient si utiles pour reconstruire l'histoire de l'homme? La géologie est une inscription gigantesque lacérée pour toujours; chaque âge en déchiffrera quelque lambeau; mais nous ne la lirons jamais entière.

La recherche paléontologique, à côté de grands avantages, a également de grands inconvénients. Ses avantages sont d'étudier des formes animales à jamais fixées, et de ne point voir le champ de ses études s'agrandir sans cesse devant elle. La limite de ses recherches est à l'origine même des terrains sédimentaires, tous les faits qu'elle est appelée à étudier désormais, sont en dedans de cette borne. Seule peut-être des sciences actuelles, la paléontologie connaît l'étendue de son domaine.

Mais la paléontologie procédant pas à pas, par coups de pioche dans une masse inaccessible, se compose de deux ordres de faits qu'il faut bien distinguer, reposant soit sur l'évidence affirmative (l'existence de débris organiques dans un terrain), soit sur l'évidence négative (l'absence de débris organiques dans un terrain). La paléontologie humaine elle-même a ses inconvénients propres. Un os, un crâne d'homme sont choses connues ; ils n'ont pas aux yeux du vulgaire cette apparence étrange qui a fait prendre les ammonites pour des serpents pétrifiés, les hamites pour des sangsues, les rayonnés pour des étoiles ; quand on exhume quelque os singulier, quelque carapace de lézard, de poisson, d'animal inconnu, on la recueille, on en prend grand soin. Si c'est une tête d'homme, on s'empresse de la remettre très-religieusement en terre, et ce débris est perdu pour le monde savant.

Il résulte de tout cela en paléontologie deux sortes de notions : les unes positives, les autres négatives ; il est vrai seulement que celles-ci diminuent sans cesse au profit de celles-là, et il importe de rappeler que cette évidence négative est la seule base sur laquelle s'appuie l'hypothèse que l'homme soit aussi nouveau sur la terre qu'on le prétend. A chaque heure on peut s'attendre à voir surgir des entrailles du globe la preuve du contraire. Au lieu que dans les autres sciences les découvertes se suivent et s'enchaînent, formant toujours un tout qui se tient, la paléontologie marche au jour le jour, au caprice des événements sans savoir la merveille qui va se révéler à quelques pas d'un chemin où des millions d'hommes ont passé.

Il est bien vrai que les ossements humains que l'on a trouvés jusqu'ici dans le sol des cavernes, semblent provenir d'une forme peu différente de la nôtre, mais tout cela est si récent relativement à ce temps considérable dont nous avons parlé! Qui oserait aujourd'hui prétendre que demain on ne trouvera pas quelque crâne qu'il faudra bien placer, bon gré, mal gré, entre les singes anthropomorphes et l'homme?

Étienne Geoffroy, conduit par l'ordre logique de ses idées, admettait naturellement cette forme intermédiaire et antérieure à la nôtre; mais voyant les mammifères des derniers âges géologiques en général plus grands que ceux qui nous sont contemporains, il avait conclu en outre que nos ancêtres immédiats étaient des géants, et que nous avions dégénéré comme les descendants des ours et des hyènes des cavernes (1). Rien n'est encore venu

(1) *Comptes rendus*, t. IV, p. 58. La seule déduction logique peut-être qu'on pourrait à la rigueur tirer de la taille plus grande de ces animaux, c'est une étendue plus grande des continents qu'ils habitaient. — La croyance aux dimensions gigantesques de la faune et de la flore fossiles est encore un reste de ce merveilleux que les premiers hommes qui s'occupent d'une science, répandent involontairement sur elle. En examinant de plus près et plus impartialement les choses, on voit que certains groupes zoologiques ont été en effet représentés autrefois par des espèces plus grandes qu'aujourd'hui; mais jusqu'à nouvelle découverte nous sommes en droit de penser que d'autres groupes d'animaux, au contraire, ont de nos jours des représentants plus grands qu'autrefois : ainsi les quadrumanes, les cétacés, les insectes, les céphalopodes, les mollusques acéphales, etc. Mais c'est pour les végétaux surtout que cette décadence prétendue de la taille des êtres est fausse; si nous trouvons dans le sol quelques grandes fougères, des prêles énormes, etc., il faut beaucoup rabattre de ces forêts dites *antédiluviennes* qu'on n'a pas même hésité à représenter. Tous les végétaux fossiles que nous connaissons, sans exception, sont bien chétifs auprès des conifères et des dicotylédones gigantesques des forêts de l'ancien et du nouveau continent.

justifier cette hypothèse, et tout semble montrer que depuis cette époque la taille du genre Homme n'a pas sensiblement changé, tandis que la taille de différents genres de Carnassiers, de Ruminants et de Pachydermes a positivement varié.

Résumons-nous :

Comme nous avons trouvé l'homme comparable de tous points aux animaux, nous avons dû rechercher pour eux et pour lui une origine commune, et la difficulté d'admettre un miracle initial nous a conduit à l'idée d'*évolution*. Si, dans les sciences d'observation, il est permis de recourir aux idées générales, c'était assurément dans ce cas ; la philosophie commence où finit la science, c'était à elle à nous donner une solution ; mais c'est de l'avenir seul qu'il faut attendre la vraie solution positive du problème : sans doute de la géologie plus éclairée, peut-être de l'expérimentation ! Le génie de l'homme n'a pas de bornes, qui peut dire où il arrivera? qui sait si, nouveau Prométhée, créateur à son tour, il ne soufflera pas un jour la vie à quelque espèce nouvelle sortie de ses laboratoires?

CHAPITRE IX

MÉTHODE.

Toute science conduit nécessairement à une *méthode ;* méthode signifie ici, non plus procédé d'observation, route suivie par l'analyse ou la synthèse pour arriver à la connaissance du vrai. Méthode signifie, dans ce cas, un mode de classification d'êtres ou de faits observés, mode essentiellement en rapport avec la science qui s'occupe de ces êtres ou de ces faits, et souvent applicable à elle seule.

Une méthode parfaite ne saurait être établie réellement qu'*à posteriori*, après la connaissance acquise de tous les phénomènes qu'elle doit classer. Ce serait l'absolu. Dans la pratique, la méthode ne peut être que pressentie *à priori* par rapport à un certain nombre de faits qu'elle est destinée à embrasser ensuite ; il est seulement vrai que plus on acquiert, plus une méthode a de chances d'être exacte, sans que jamais on soit en droit de la proclamer absolument bonne ; elle peut être satisfaisante, le rester encore longtemps, mais un beau jour un fait nouveau peut la prouver fausse : « Je suis de l'opinion, disait Étienne Geoffroy, qu'une méthode parfaite ne saurait exister ; c'est une sorte de pierre philosophale dont la découverte est impossible (1). »

Une science étant donnée, il ne s'ensuit pas qu'il existe déjà une méthode propre à classer en série naturelle les phénomènes qui se manifestent à nous dans cette branche des connaissances humaines. Si l'on n'a pas encore réussi à trouver une vraie méthode anthropologique, si les Camper, les Prichard, les Morton ont échoué, c'est que la science de l'homme est trop nouvelle.

Même en faisant abstraction des difficultés propres à la détermination de toute *espèce* animale, difficultés qui dérivent de la manière même dont nous en comprenons l'évolution (voy. chapitre VIII), faut-il s'étonner que le genre humain ne soit pas encore réparti en groupes distincts, quand les animaux beaucoup plus faciles à classer en raison d'un moindre degré d'activité intellectuelle et sociale, ne le sont pas encore d'une manière satisfaisante, quand les Geoffroy, les Cuvier, les De Blainville ont failli en quelque chose, puisque cette question semble encore digne d'examen aux plus grands esprits dont s'honorent aujourd'hui les sciences naturelles en Europe (2)? L'histoire naturelle de l'homme est née d'hier, et les difficultés en sont grandes, parce qu'en vertu de son intelligence, l'homme possède des résis-

(1) Voy. I. Geoffroy Saint-Hilaire, *Vie d'E. Geoffroy Saint-Hilaire*, p. 287.

(2) Cf. R. Owen, *On the Characters, Principles of Division and Primary Groups of the Class Mammalia* (*British Association for the Advancement of Science*, 1857).

tances et des affinités spéciales. Vivant par peuples, il vit de deux vies : sa vie propre et la vie de la nation, qui est une chose à part dans laquelle une race, une espèce voisine peut entrer tout entière, adoptant les mêmes usages, les mêmes coutumes, le même langage. Ce sont là des difficultés qu'on rencontre en anthropologie, et qu'on ne rencontre que là. Une espèce a pu disparaître, par exemple, et laisser son nom à quelque groupe tout à fait étranger à elle, car si le nom ethnique a servi, à l'origine, à dénommer la contrée habitée, le nom géographique a réagi à son tour, et s'est imposé à toutes les populations nouvelles qui ont pu occuper par la suite la même aire.. D'autres difficultés naîtront encore aux limites des régions habitées par des espèces distinctes, si ces limites ne sont pas marquées par quelque barrière physique à peu près infranchissable.

Aussi est-on loin, même aujourd'hui, de s'entendre sur les bases d'une bonne classification anthropologique. On a tenté des voies diverses, nulle n'a conduit au but.

Les uns ont adopté la division géographique ;

D'autres, la couleur de la peau ;

D'autres, l'état des cheveux ;

D'autres, les plus nombreux, se sont arrêtés à la forme de la tête. C'est le crâne qui a le plus exercé la sagacité des anatomistes et des anthropologistes, et l'on peut dire qu'il n'est pas de combinaison à laquelle on ne l'ait soumis pour arriver à distribuer les hommes en groupes naturels. Nous ferons remarquer en passant que toutes ces classifications cranioscopiques reposent involontairement sur cette donnée, que les différentes sortes d'hommes sont inégalement douées sous le rapport intellectuel. Partant donc de ce principe, que le volume du cerveau est en raison de l'intelligence, ou que l'intelligence est en raison du volume du cerveau, on chercha un moyen simple — encore plutôt que facile — de se rendre compte du volume d'un solide aussi irrégulier : Camper ouvrit la voie avec son angle fameux. Ce procédé fut bientôt suivi par d'autres qui sont moins célèbres, étant venus après. On peut citer :

L'angle interne de Walther, décrit par deux lignes allant, l'une, de la protubérance occipitale à l'apophyse crista galli ; l'autre, des proéminences frontales à la racine du nez ;

L'angle externe de Mulders, décrit par la ligne faciale de Camper, et une autre ligne allant de l'apophyse basilaire à la racine du nez ;

Enfin l'angle de Daubenton, décrit par une ligne allant de la marge inférieure de l'orbite à la région postérieure du trou occipital, et par une autre suivant la direction même du plan du trou occipital (1).

Tous ces systèmes valent celui de Camper. Tous, celui de Camper compris, sont faux et vains par le fait qu'ils prétendent mesurer un solide par l'inclinaison de deux de ses plans-limites l'un sur l'autre.

(1) Voy. pour l'exposition et la discussion de ces différents systèmes, Crull, *Dissertatio de cranio*, 1810.

Au-dessus de ces modes de mensuration, et supérieure à eux, apparaît la *norma verticalis* de Blumenbach, puis les mesures de Cuvier, de R. Owen, etc. Le procédé fait ici un pas : on essaye de mesurer un solide par son contour ou par l'aire d'une coupe systématique. Déjà Camper, mieux inspiré que pour son angle, avait essayé de comparer les différents diamètres de la silhouette du crâne vu de face (1). Quant à la coupe de Cuvier, c'est une modification très-heureuse d'une mesure antérieurement proposée, la Ligne incisivo-occipitalede Doornick. On l'obtient en abaissant une ligne verticale au niveau du trou auditif externe, et en menant une autre ligne des incisives à la proéminence extrême de l'occipital. Le rapport des deux divisions déterminées sur cette ligne par son intersection avec la première, donnait les chiffres de comparaison (2).

Le progrès avait été immense, et cependant ces méthodes restèrent insuffisantes : le crâne sembla échapper à toutes les tentatives de mensuration. Il y a quelque temps, une réunion de craniologues avait lieu à Gœttingue, et la docte assemblée se sépara sans qu'on eût pu s'entendre (3). Il semble que le vieux mot de Bernard Palissy mesurant un crâne fantastique, doive rester vrai en dépit de tous

(1) Cf. Crull, *Dissertatio de cranio*, 1810, p. 28.
(2) Cf. Idem, *ibidem*, p. 52.
(3) Busk et Queckel (*Medical Times and Gazette*).

les efforts : « Ie n'y sceu iamais trouver une me-« sure asseurée (1). »

Une autre méthode est celle à laquelle G. Morton a attaché son nom par la multiplicité des faits qu'il en a su tirer, par la justesse des vues qu'il a émises après l'avoir employée des milliers de fois ; nous voulons parler de la mensuration directe de la capacité intérieure du crâne. Il est à tout jamais regrettable que Morton ait fini sa laborieuse carrière avant d'avoir pu exposer les résultats ultimes de

(1) On aime toujours à rechercher au delà des origines de la science positive quelque indication, quelque pressentiment antérieurs, même confus et enveloppés d'obscurité ; il est curieux de retrouver dans les œuvres du potier physicien une sorte de germe qui, développé, aurait pu donner naissance à la cranioscopie, une sorte de prévision de l'importance qu'acquerrait un jour la mensuration du crâne. C'est dans le *Recepte véritable* : un des deux interlocuteurs raconte un rêve dans lequel il a cru voir les différents instruments dont on se sert en géométrie disputer la préséance ; il leur répond que l'homme est au-dessus d'eux ; ils se récrient, disant que l'homme ne peut pas même se servir d'eux pour figurer une des parties de son corps. « Quoy voyant, il me print envie de mesurer la teste d'un homme, pour scauoir directement ses mesures, et me sembla que la sauterelle, la reigle et le compas me seroient fort propres pour ceste affaire, mais quoy qu'il en soit, ie n'y sceu iamais trouver une mesure asseurée, etc. » Bernard Palissy, *Œuvres*, Paris, 1844, in-12, p. 93. — Blumenbach dit quelque part : « L'habitude et l'usage constant de ma collection de crânes me font connaître chaque jour davantage l'impossibilité d'assujettir les variétés des crânes à la règle d'un angle quelconque, la tête étant susceptible de tant de formes et les parties qui la composent étant de proportions et de directions si différentes. » Cf. Morel, *Traité des dégénérescences dans l'espèce humaine*, p. 68. — M. Aitken Meigs, aujourd'hui, n'indique pas moins de vingt-neuf mensurations différentes auxquelles on doit soumettre le crâne pour en avoir une idée à peu près satisfaisante.

ses longues recherches, mais cette méthode — dont M. Broca en France a repris activement l'application — n'est cependant pas parfaite encore. S'il n'y avait entre les différentes races qu'une différence de quantité dans l'intelligence en œuvre, cette mesure suffirait à établir des divisions; mais il y a plus, toutes les races ont des aptitudes diverses, et c'est là que perce le défaut de la méthode de Morton, qui n'embrasse que l'ensemble, qui n'établit aucune distinction entre des crânes très-différents s'ils ont même volume, comme ceux des Eskimaux, par exemple, et des Américains. L'instrument diffère comme l'intelligence autrement qu'en dimension, et ce que cherche la craniologie en fin de compte, c'est de définir par autant de variétés tangibles, toutes ces tendances spéciales de l'intelligence (V. chapitre IV).

La craniologie n'est pas l'anthropologie; elle l'aide puissamment, mais les résultats partiels qu'elle obtient, n'ont pas nécessairement la même valeur au point de vue plus général de l'anthropologie. Toute classification basée sur la forme du crâne sera nécessairement une classification artificielle, parce qu'elle ne s'appuiera que sur un seul ordre de phénomènes. En outre, cette étude présente de grandes difficultés par les différences individuelles qu'offrent parfois les têtes observées, où les qualités propres de l'individu ont pu tellement masquer les caractères généraux de la race, que ceux-ci demeurent méconnaissables. Aussi les divisions ont augmenté à mesure que les collections craniologiques devenaient plus riches. Morton ne comptait que onze races humaines, mais il croyait être au-dessous de la vérité. On peut très-bien se faire au reste une idée du peu de valeur de cette classification, en étudiant les matériaux qui avaient servi au philosophe de Philadelphie. Morton n'avait à sa disposition, en dehors de la race américaine, qu'un très-petit nombre proportionnel de crânes. La collection de Philadelphie, qui s'était encore beaucoup augmentée après sa mort, ne comptait, il y a quelques années, que 1,035 crânes, sur lesquels 38 pathologiques; reste 997. Sur ce nombre, la race américaine figure pour 502, c'est-à-dire pour plus de la moitié. Reste 495, sur lesquels la vallée du Nil, à elle seule, a fourni 154 spécimens. En sorte que pour l'Europe, pour l'Asie, pour toutes les terres océaniennes et pour l'Afrique, à l'exception de l'Égypte, cela fait simplement 350 crânes. C'est peu pour classer une population pouvant s'élever à 500 millions d'individus (1).

Il resterait encore à étudier et à déterminer la valeur intrinsèque de chacune de ces têtes. La provenance authentique d'un crâne n'est pas toujours facile à établir quand il vient de l'autre côté du monde, rapporté par des voyageurs qui n'ont pas fait de l'anthropologie une étude spéciale; elle l'est encore moins quand un crâne est exhumé d'un endroit de sépulture où peuvent avoir eu lieu certaines promiscuités très-propres à tromper nos recherches. Les erreurs de ce

(1) Voy. *Indigenous Races of the Earth*, p. 320.

genre ne se glissent que trop dans la science, et il y a longtemps en particulier que nous avons réclamé contre le nom de *momie gauloise* donné dans une des collections de Paris à un cadavre dont l'histoire ne justifie en rien cette dénomination, puisqu'on crut tout simplement, *quand il fut exhumé*, qu'il remontait au plus au treizième siècle (1).

La craniologie a été l'anthropologie tout entière tant que cette science ne fut cultivée que par des hommes de cabinet. Si un crâne ne porte pas toujours en lui le sceau de la race à laquelle il appartient, il faut avouer pourtant que c'est le meilleur représentant de l'individu mort. C'est dans l'étude des races antiques, des populations éteintes, que la craniologie reprend tout son poids. Là elle doit intervenir avec une importance sans égale, à défaut de meilleurs points de repère. Par elle, l'anthropologie va fouiller le passé, éclairant même des questions que l'histoire est incapable de résoudre. C'est ainsi que Morton a pu prouver mieux que par aucun document historique, que l'antique Égypte était habitée par des populations très-mélangées et composées des éléments les plus divers, absolument comme de nos jours. Mais il restait un problème plus intéressant encore : celui de savoir si les différentes races qui

(1) Voy. Strope, *Description d'une momie très-ancienne* (*Recueil périod. d'observ. de médecine*. t. IV, p. 290, Janvier, 1756). On verra, en lisant ce récit de la plume d'un observateur extrêmement habile et judicieux, à quel point les observations un peu anciennes se transforment dans les sciences avec le temps, quand on n'a pas soin de remonter aux sources.

peuplaient alors les rives du Nil, étaient à peu près rigoureusement réparties comme aujourd'hui dans autant de professions diverses : les Albanais sont tous soldats, les Coptes tous scribes et fonctionnaires, les Fellahs tous laboureurs, etc. Sans doute il serait sinon facile, au moins possible d'arriver à la solution de ce nouveau problème en recueillant les crânes et les momies avec plus de soin qu'on ne l'a fait jusqu'ici, et surtout en s'aidant des recherches des égyptiologues, qui peuvent lire sur le coffre même que tel ou tel cadavre est celui d'un artisan, d'un prêtre, d'un roi. On pourrait ainsi arriver à savoir si les rois de telle ou telle dynastie étaient noirs ou jaunes, si la population dominante de tel ou tel nôme avait le type copte, berbérin ou fellah. C'est là tout un champ d'études qu'a dû laisser l'école américaine, précisément parce que Morton s'est trouvé sans renseignements sur la provenance et l'âge vrai des immenses matériaux qu'il avait à sa disposition.

Mais il ne faut pas l'oublier : classer des crânes par la forme, des cheveux par la couleur ou des peaux par la nuance, ce n'est pas classer des races d'hommes. On n'envisage ainsi qu'un seul ordre de phénomènes. Une classification établie sur de telles bases n'a son point de départ que dans l'esprit de celui qui l'a conçue, et non dans la nature des choses.

On n'aura une classification naturelle et rationnelle qu'en comparant les individus tout entiers les uns aux autres (1). C'est là qu'il faut en venir; il faut étudier à la fois la taille, la peau avec ses dépendances, et avant tout, le dessin des traits, l'attitude, le *facies*, l'*habitus* des différentes races, ce que C. Caldwel appelait « les variétés qui nous frappent dans la couleur et dans les traits, dans la conformation et dans la stature des races humaines (2) » ; ce quelque chose en un mot, qu'on appelle type (voy. p. 146), auquel nous ne nous méprenons jamais, et qui nous fait dire : Voici un homme du Midi, voilà un homme du Nord; voici un Mongol, voici un Indien (3). Par ce moyen seulement on arrivera à former des groupes naturels; les difficultés seront grandes sans doute dans les commencements, mais la lumière se fera peu à peu, et le temps nous apprendra certainement à démêler certains caractères distinctifs dont l'expression sera de plus en plus simple. C'est l'œuvre de l'avenir.

L'anthropologie envisageant l'homme tout entier, les classificateurs ne devront pas négliger sa valeur psychologique. Quoique la craniologie ne soit,

(1) Cf. Vivien, dans les *Mémoires de la Société ethnologique*, t. II, p. 59.

(2) « The variety discoverable in the complexion and feature, the figure and stature of the human race. » *Portfolio*, Philadelphia, 1814.

(3) W. Edwards (*Des caractères physiologiques des races humaines*, p. 45) a fort bien senti cette grande importance des caractères extérieurs; il a seulement eu le tort d'exclure les cheveux et de s'attacher à la forme du crâne, qui jamais ne nous préoccupe quand nous cherchons à graver ou à rappeler dans notre esprit les traits d'un homme.

en fin de compte, qu'une appréciation détournée de celle-ci, on n'avait guère songé, excepté Linné (voy. p. 94), à se servir des caractères purement intellectuels des races, pour aider à les classer, quand l'École américaine vint tout à coup donner à ces caractères une importance énorme et placer les variétés psychologiques au-dessus de toutes les différences matérielles qu'on pouvait observer dans la configuration de la boîte osseuse du crâne. L'École américaine est allée trop loin, et ce sont les formes tangibles qui doivent avant tout fournir les caractères spécifiques dans le règne animal.

Quoi qu'il en soit, nous laissons à la classification intellectuelle des espèces humaines une valeur secondaire que nous sommes loin de vouloir lui contester, quoique les données manquent encore pour en établir une qui soit complète. Nous ajouterons même que les caractères de cet ordre sont d'autant plus authentiques et d'autant plus précieux, qu'ils ne sont ni l'expression d'un moment donné, ni celle d'un certain nombre d'individus. Ils appartiennent en propre à la race entière. C'est dans les œuvres littéraires des peuples qu'il faut les aller chercher. Celles-ci nous apprennent sûrement, même après plusieurs siècles, l'esprit, les croyances, les pensées de leurs lecteurs. Les monuments d'art plastique restent, fussent-ils une rébellion complète contre leur temps, contre leur époque, contre les hommes qui les ont commandés et la foule qui les regarde sans les comprendre (1). Un livre au contraire n'a de succès qu'autant qu'il est tout entier dans l'esprit d'un peuple, qu'autant que les idées qui y sont exprimées, sont celles de tout le monde. Tout livre répandu (comme les livres mosaïques chez les Juifs, le Koran chez les Musulmans) sera donc l'expression véritable de l'esprit d'une race à toutes les périodes de son existence, fût-il même dans une langue qui n'est plus parlée. Les chefs-d'œuvre grecs et romains, écrits pour des hommes de même sang que nous, sont restés classiques. Nous devons encore aujourd'hui les connaître, et nous les comprenons, parce que les pensées qui ont animé leurs auteurs sont encore les nôtres. Voulons-nous au contraire pénétrer une littérature étrangère, cela devient un travail, une fatigue ; nous n'y parvenons qu'en faisant abstraction de nos idées, qu'en essayant par un effort violent d'entrer tout entiers dans la vie, dans les sentiments d'un autre peuple.

Les langues aussi ont été considérées comme pouvant servir de base à une classification des races humaines. Leur importance a été longuement discutée et compte encore de nombreux et chauds partisans (2). A leur tête on peut citer Latham qui veut surtout qu'on étudie par les langues l'histoire anti-

(1) Voy. Michelet, à propos des peintures de la chapelle Sixtine, *Histoire de France*, *Renaissance*.

(2) « La linguistique est à la fois la branche la plus élevée et la plus positive de l'histoire naturelle des races humaines. » Chavée, *Moïse et les langues* (*La Revue*). — M. Flourens semble accorder aux caractères linguistiques un rang supérieur aux caractères physiques.

que de l'homme (1) ; embrassant les idées de Prichard sur la production de races hybrides intermédiaires, le savant anglais ne trouve plus que ce moyen de lire dans le passé, et il est tout naturellement ramené au langage qui lui semble offrir de meilleures conditions de résistance (2) que les caractères physiques.

Il est vrai que la linguistique appliquée à la recherche anthropologique lui est d'un immense secours, elle peut nous donner parfois de puissantes inductions sur l'histoire du passé et sur l'origine des espèces humaines actuelles. Et même ces solutions s'accordent très-bien avec la théorie de l'évolution graduelle et avec le corollaire de cette théorie, à savoir : que l'homme n'a pas toujours parlé. Les linguistes nous enseignent, par exemple, que deux tribus sœurs ont pu, à un moment du passé, créer de chaque côté du versant d'une montagne, deux idiomes divers qui devaient produire à leur tour deux familles de langues absolument irréductibles l'une à l'autre. C'est ce qui se serait passé, selon

(1) Il croit qu'on pourra par elles remonter jusqu'à la période récente des géologues. Voy. *Apophthegmes* (*Edinburgh New Philosophical Journal*, t. LI).

(2) Latham s'exprime ainsi : « This is because, whilst A and B in the way of stock blood or pedigree will give C (a true *tertium quid* or a near approach to it), A and B in the way of language, will only give themselves, *i. e.* they will give no true *tertium quid* nor any very close approach to it. » *Celtic Nations*, p. 33. Nous avons essayé de prouver plus haut que ce *true tertium quid*, ce *véritable terme moyen*, ne se produit jamais en tant qu'espèce.

M. Renan, lorsque les fils des mêmes parents, se divisant sur les flancs de l'Immaüs, devinrent la double souche d'où sont sortis les Sémites d'une part, les Aryas de l'autre. Ce serait même l'explication de ce fait embarrassant pour les anthropologistes, que les caractères physiques sont sensiblement identiques chez les Sémites et chez les Européens, pendant que par le langage ils sont deux espèces aussi distinctes que possible. Or on peut aller plus loin et inférer de ces faits que l'espèce commune d'où sont descendus plus ou moins immédiatement les Sémites d'une part, et les Aryas de l'autre, ne savait pas encore parler.

A l'inverse de Latham, certains anthropologistes ont donné selon nous trop peu d'importance aux langues : ainsi W. Edwards et M. Omalius d'Halloy (1). La vérité est sans doute entre ces deux extrêmes. Il faut reconnaître que le langage peut souvent fournir d'excellents renseignements, mais il ne faut pas oublier non plus qu'il offre une mutabilité bien plus *rapide* que les caractères moraux et que la forme corporelle. Niebuhr nous semble avoir raison quand

(1) Je ne mentionne pas ici les opinions du Suédois Dane (Cf. Latham, *Celtic Nations*, p. 2), qui prétend que des changements importants peuvent être introduits dans une langue par certaines coutumes d'un peuple qui altèrent, par exemple, les lèvres et les narines, et font substituer ainsi des consonnes nasales à des consonnes labiales. Ce sont là des faits qui sont peut-être vrais dans le détail, mais qui ne sauraient avoir une importance sérieuse, n'altérant pas le caractère spécifique et propre de la langue, qui est loin de résider dans le nombre relatif de telle ou telle sorte de lettres.

il insiste sur les précautions à prendre pour appliquer utilement la linguistique à la détermination des races, et il conclut qu'on doit donner une plus grande attention aux traits extérieurs (*physical configuration*) (1). Cette opinion est encore celle de Humboldt (2) et de M. Vivien (3). Une langue, comme toute coutume, tout acte de relation individuelle, peut se transmettre d'une race à une autre très-différente. L'unité d'une famille de langues ne suffit pas toujours à établir que les peuples qui parlent ces idiomes, sont d'une seule et même origine; on en peut seulement conclure qu'ils ont été en rapport les uns avec les autres, et il est même raisonnable d'admettre que cette cause a dû agir avec une influence décisive à cette époque où l'homme commençait à bégayer (voy. p. 48). Alors deux tribus se rencontrant pour la première fois, physiquement étrangères l'une à l'autre, ont pu sans doute s'emprunter mutuellement certains modes et si bien confondre leurs deux manières de rendre la pensée, qu'il en est résulté un seul langage où nous ne savons plus distinguer par l'analyse les deux procédés différents qui ont contribué à sa formation. Cette hypothèse a même été érigée en thèse générale par quelques

(1) Bunsen, trad. angl. *Niebuhr's Life and Letters*, t. I, p. 39.

(2) « Les langues, dit-il, ne donnent en anthropologie que de faibles probabilités. » *Voyage aux régions équinoxiales du nouveau continent*, t. III, p. 352.

(3) Voy. dans les *Mémoires de la Société ethnologique* (juillet 1843) une lettre où M. Vivien conteste au langage le premier rang comme caractère distinctif, et l'accorde au type physique.

linguistes, et M. d'Escayrac de Lauture, entre autres, croit que le centre de l'Afrique, ce pays de l'inconnu et du mystère, nous réserve encore aujourd'hui le spectacle de ce phénomène (1). Sans même remonter aux origines, il est évident que deux peuples voisins, en relation continuelle l'un avec l'autre, doivent finir par s'emprunter mutuellement des formes de langage, des lettres, des articulations, surtout quand, de part et d'autre, il n'y a pas une littérature pour retenir la langue dans ses bornes et la préserver de tout écart.

Il résulte de là que c'est dans l'étude des langues isolées que l'anthropologie pourra trouver les plus précieuses connaissances, dans le langage des îles par exemple et dans les idiomes parlés à l'extrémité des continents : ainsi enveloppés par la mer, en rapport par moins d'étendue avec les autres, ces idiomes se seront conservés d'autant plus intacts. C'est là qu'on trouvera la plus réelle expression du

(1) « Je suis entraîné à croire que les langues familiales (si ce barbarisme philologique m'est permis) ne se ressemblent pas parce qu'elles viennent d'un même père, mais parce qu'elles ont été élevées ensemble ; l'Afrique particulièrement me semble en fournir la preuve, car il faut étudier l'histoire des familles de langues là surtout où il commence à s'en former, et je crois qu'il s'en forme en Afrique. Mon hypothèse n'est pas applicable à tous les cas, mais à plusieurs ; ainsi le français, l'italien, l'espagnol, etc... viennent bien du latin et sont nés sur sa tombe, mais beaucoup d'autres langues me paraissent prendre des traits l'une de l'autre, par simple fréquentation ; et, avec le temps, ces emprunts mutuels font de deux ou plusieurs langues comme des rameaux d'un même arbre ; seulement, à mes yeux, l'arbre n'existe pas. » (Correspondance, 1857.)

plus ancien état de choses que nous puissions *directement* connaître par la linguistique. C'est à la pointe de l'Afrique qu'existe ce langage gloussé si particulier à une race (voy. p. 115). C'est au sud de l'Asie, à Ceylan, qu'on parle encore l'antique pali. C'est en Bretagne et dans le pays de Galles que survit le plus vieux langage de l'Europe à notre connaissance, le celtique.

De tout ce qui précède, on peut donc et on doit conclure que pour établir une classification rationnelle des espèces humaines, les caractères à considérer en premier lieu seront l'*aspect extérieur* et peut-être le *caractère moral ;* le reste viendra au second rang : d'abord le langage, puis les variétés anatomiques profondes qui ne frappent pas au premier coup d'œil, puis les variétés physiologiques, pathologiques, etc. Telle est, pensons-nous, la seule base certaine sur laquelle l'anthropologie puisse asseoir des distinctions vraies entre les espèces humaines. Nous ne connaissons pas encore exactement le nombre de celles-ci, et même le désaccord des naturalistes est grand sur ce sujet : c'est que le travail est à refaire, en suivant une voie nouvelle.

Sans s'inquiéter d'examiner l'ensemble du genre humain, on devra d'abord rechercher des centres de population bien caractérisés, bien entiers d'aspect et de physionomie. On marquera ces centres avec soin, s'attachant à toutes les variétés physiques, morales, linguistiques, etc., qu'on pourra saisir. M. Flourens a donné d'excellents principes pour l'étude des espèces animales, il s'agit simplement de les appliquer à l'étude des espèces humaines; et de ce rapprochement que nul ne saurait contredire, dans les moyens d'investigation, naît encore une preuve de plus du rang à assigner à l'homme dans la série organique : « Il faut observer l'animal vivant, dit M. Flourens, il faut l'observer longtemps, il faut en observer les sexes et les âges ; il faut le voir se développer et se reproduire. Il faut en étudier le naturel, les instincts, l'intelligence. Chacune de ces choses a dans chaque animal un caractère propre, et c'est par l'ensemble de ces caractères que se définit l'espèce. » Il est impossible de mieux tracer la tâche de l'anthropologiste.

Quand on aura bien étudié un centre de population homogène sous tous les rapports, qu'on se sera bien rendu compte de ses caractères physiques, physiologiques, psychologiques, linguistiques, etc., on s'arrêtera ; et sans rien préjuger de l'aire de cette race, on passera à l'étude d'un autre centre que l'on marquera de même, sans s'inquiéter des variétés intermédiaires, qui seront toujours en plus ou moins grand nombre partout où ne se rencontrera pas, pour séparer les deux centres observés, une barrière physique comme une mer, ou une chaîne de montagnes. Alors on aura sans doute des nuances, des transitions nombreuses ; mais ce ne sont là que des phénomènes d'hybridité tout à fait secondaires qui ne devront influer d'abord en rien sur les essais de classification anthropologique. Plus tard, plus instruit, on reviendra sur toutes ces variétés intermédiaires, quand on connaîtra mieux leurs conditions d'existence.

C'est encore ainsi qu'au début il faudra se garder d'étudier certains pays, lieux de passage et de rencontre, où toutes les races environnantes sont venues apporter leur sang. Tels sont la plupart des pays européens, telle fut toujours la vallée du Nil et du Nil-Bleu. Ce n'est pas seulement un spectacle pittoresque que l'aspect des rues du Caire : c'est là qu'Étienne Geoffroy puisa ses grandes vues sur la place du genre humain dans la Nature : l'homme de science à la recherche du vrai, y profite autant que l'artiste à la recherche du beau. Qui peut oublier, quand il l'a vue une fois, cette fantasmagorie de costumes et de physionomies qui se déroule aux yeux avec chaque passant : c'est un Circassien colossal ; un Copte à la taille plus petite, au nez arqué ; un Nubien, couleur palissandre, mais avec la figure agréable, le nez droit et petit, les lèvres fines, les dents belles et bien rangées ; un Turc à peau blanche et transparente comme les hommes du Nord ; un Nègre aux cheveux crépus, au nez épaté, aux pommettes saillantes, aux lèvres grosses, aux dents énormes et proéminentes ; un Fellah au teint olivâtre ; un Bédouin presque aussi noir que le Nubien, mais à la grande taille, au nez aquilin, aux lèvres minces, au port de roi.

Ce n'est pas à Paris, à Londres, à Marseille, à Trieste, à Constantinople, qu'il faudra chercher des populations pures; on ne trouvera dans ces capitales, dans ces bazars d'hommes, que des faits isolés, de beaux spécimens peut-être d'espèces diverses, mais perdus au milieu des hybrides. On n'y peut étudier que les individus, non les espèces. Là où il faut placer ces centres d'observation dont nous parlons, c'est là où, regardant autour de soi, on ne voit que le même homme indéfiniment multiplié, chez les peuples aussi primitifs que possible, encore purs d'alliances ou avec peu de mélange. Alors il faudra s'attacher à en saisir les caractères généraux, à en faire le portrait physique et moral.

Le portrait physique en particulier comprend deux données : le trait et la couleur. Pour le trait, la photographie est une ressource sans égale, mais il importe à la recherche anthropologique d'en déterminer nettement l'application : il faudra toujours choisir quelque individu présentant le type banal de la population au milieu de laquelle on est, plutôt encore que les chefs ou les nobles. Il faudra choisir ce type dans la vigueur de l'âge, quand l'économie arrivée à son développement parfait n'a point encore commencé de redescendre, et rayonne dans toute la splendeur des forces reproductives : pour l'homme c'est à peu près entre 22 et 27 ans. Les portraits photographiques, pour être d'utilité véritable aux anthropologistes, doivent représenter l'individu complétement de face ou complétement de profil; ainsi et seulement ainsi ils pourront servir aux mensurations. Car il importe de ne point confondre, comme on le fait journellement, l'anthropologie avec la recherche ethnologique. Ce sont deux choses tout à fait distinctes. Les portraits coiffés, costumés, sont du domaine de celle-ci ; l'histoire *naturelle* de l'homme demande toujours des représentations absolument nues ; et la meilleure serait celle qui nous donnerait l'individu avec sa barbe et ses cheveux vierges.

Pour la couleur, il faudra recourir autant que possible à la peinture à l'huile. En effet, la couleur de la peau humaine, avons-nous dit ailleurs (1), est en réalité une impression visuelle complexe : tous les rayons colorés — nous employons ici ce terme dans le sens conventionnel qu'on lui donne en physique — qui émanent de la peau, et qui viennent frapper l'œil de l'observateur, ne sont pas engendrés par une même surface plane : ils proviennent de parties plus ou moins profondes vues par transparence à travers un milieu plus ou moins diaphane et plus ou moins favorable à l'émission de ces rayons. Il résulte de là, pour l'œil, une sensation spéciale, et pour l'esprit, une notion particulière que l'on traduit dans les arts par le mot *transparence*.

Or, ce mode de sensation ne sera reproduit à son tour par l'artiste qu'autant qu'il emploiera des procédés rappelant jusqu'à un certain point celui de la Nature. Tel n'est pas le cas pour la peinture à l'eau.

(1) *Des colorations de l'épiderme*, in-4°. Paris, 1864.

La matière colorante, réduite en particules extrêmement fines, est appliquée, il est vrai, dans un véhicule transparent, l'eau ; mais celui-ci, destiné à s'évaporer de suite, ne laisse plus que la couleur étendue en nappe infiniment mince et sans épaisseur appréciable, à la surface du vélin. On conçoit dès lors l'imperfection radicale de l'aquarelle pour le portrait et l'impossibilité de rendre par un tel moyen, avec quelque vérité, l'effet des colorations cutanées. La peinture à l'huile offre de tout autres ressources, et c'est là le secret de son incomparable supériorité. La matière colorante délayée à l'huile reste, quand la peinture a séché, suspendue comme avant dans son milieu transparent ; en sorte que les rayons lumineux, pour arriver à l'œil, partent de la surface de la pâte aussi bien que de sa profondeur. On retrouve là exactement le procédé même de la Nature : une poussière impalpable, comme les granulations pigmentaires, ou les globules du sang des capillaires de la peau, répandue dans une substance diaphane.

On comprend dès lors l'avantage d'un tel procédé en iconographie anthropologique. Il faudrait presque renoncer à tout autre moyen. Il est facile de s'en convaincre à regarder les portraits coloriés qui ornent les œuvres de Prichard (1) et même celles de MM. Nott et Gliddon (2) bien autrement scrupuleux

(1) Voy. *The Natural History of Man*, 1844.

(2) Voy. *Ethnographic Tableau* (*Indigenous Races of the Earth*, London, 1857).

sur la reproduction des types qu'ils ont figurés. Tous ces portraits enluminés sont absolument insuffisants, et quand nous voyons quelque anthropologiste invoquer l'autorité de ces mauvaises estampes, nous nous demandons en vérité lequel nous devons le plus admirer, ou de l'aveugle confiance du savant, ou de l'imprudence de l'auteur, ou de la téméraire audace de l'artiste. Qu'on rapproche de ces platitudes les quelques portraits d'hommes à peau foncée que nous ont légués les maîtres depuis le Véronèse jusqu'à Géricault! Eux seuls ont pu, par leur procédé, saisir la vérité et rendre le teint, la couleur de leurs modèles (1).

Mais le plus sûr moyen d'arriver à des connaissances concluantes en anthropologie, est nécessairement les voyages. Sans doute l'étude faite chez soi des matériaux recueillis au loin sera d'un grand secours. Mais nous répéterons de l'étude de l'homme ce qu'on a dit de l'étude des animaux : il faut que l'anthropologiste abandonne son cabinet et s'enfonce dans les continents pour étudier *de visu*. « On n'arrive à la distinction des espèces, a dit encore M. Flourens, que par l'*observation directe et complète.* » Complète, nous avons essayé de le démontrer ; mais la seule condition pour qu'elle soit complète, c'est qu'elle soit directe. Eût-on le génie

(1) Nous pouvons citer, comme types du genre, deux peintures incomparables au point de vue anthropologique : *Portrait d'un nègre*, *Portrait d'un Oriental*, par Herschop. Musée de Berlin, nos 825 et 827.

de Buffon (1), on voit mal par les autres ; les faits nous arrivent travestis, transfigurés, parce qu'ils n'ont pas toujours été observés par des hommes compétents ; ils ne sont pas comparables, résultant d'impressions diverses et individuelles. C'est surtout dans l'étude des tendances intellectuelles qu'il sera nécessaire de contrôler avec soin les récits des voyageurs, trop souvent influencés par leurs idées propres.

Disons encore ceci avant de terminer : Parmi les preuves *à priori* que les polygénistes pourraient invoquer en leur faveur, il en est une qui ne manque pas d'importance ; c'est que, pendant que les idées contraires ont été soutenues et défendues par des hommes de cabinet, les leurs ont été le plus généralement partagées par les navigateurs, par les voyageurs, par ceux-là même qui ont pu mettre en pratique cette *observation directe* si concluante, si décisive. C'est eux que nous trouvons partout les plus hardis à séparer l'humanité en groupes distincts et à reconnaître dans les espèces inférieures une tendance manifeste à se rapprocher de la nature des singes anthropomorphes. Une source précieuse à laquelle l'anthropologiste ne devra pas négliger de pui-

(1) M. Flourens disant que Buffon, pour écrire son Histoire des races, rassemble tous les documents et compile les récits des voyageurs, ajoute : « Ce qu'ils n'ont vu qu'avec les yeux du corps, il le voit avec les yeux de l'esprit, et par cela seul, il le voit mieux; chacun n'a vu d'ailleurs que quelques traits épars, Buffon voit tout; il rapproche ce qu'ils ont séparé, il sépare ce qu'ils ont confondu, etc. » *Histoire des idées de Buffon*, p. 167.

ser, sera précisément les récits de ceux qui les premiers abordèrent certaines îles, certains continents. S'ils ont pu concevoir quelque idée fausse, il faut bien reconnaître aussi qu'ils ont dû nous tracer un tableau généralement assez fidèle des nations qu'ils ont rencontrées, et plus important à certains points de vue, que les récits qu'on a pu faire depuis, parce qu'à ce moment ces populations n'avaient pas encore été soumises aux influences diverses qui ont dû nécessairement résulter du contact des Européens.

Dans le cabinet, dans la solitude, aidé de documents convenables et de matériaux suffisants, on peut étudier la linguistique, la craniologie, non l'anthropologie, parce que l'anthropologie est une science encore au berceau, et que l'observation doit avoir fourni son contingent nécessaire avant qu'on essaye d'appliquer aucune idée générale, aucune vue d'ensemble.

Mais l'anthropologie doit, avant tout, se dégager des entraves de l'*idée reçue*, aussi bien que de toutes ces tendances prétendues humanitaires. Ce serait un non-sens que de croire que le progrès de la Vérité ne doit pas contribuer au progrès social. Le chercheur peut s'affranchir en toute tranquillité d'esprit de ces sortes de préoccupations. C'est pour lui qu'Haller a dit : Le culte de la seule Vérité suffit à l'homme de bien (1). Ce qui est *vrai*, ne sau-

(1) *Boni viri nullam oportet esse causam præter veritatem.*

rait être mal, parce que c'est dans l'ordre éternel de la Nature.

Ainsi, libre d'entraves, obéissant au raisonnement pur, appuyée sur toutes les sciences qui lui viennent en aide, anatomie, physiologie, psychologie, linguistique, etc., la Science de l'homme marchera, comme toute science, à la conquête de cette Vérité, si désirable; et tôt ou tard, par l'archéologie et la paléontologie, remontant dans le passé au delà de l'histoire, au delà des dernières époques géologiques dont la Terre garde le souvenir, la science découvrira enfin le grand problème de l'origine de l'homme, si les éléments n'en sont à tout jamais enfouis au fond des Océans.

FIN.

INDEX

DES AUTEURS CITÉS

Albinus (B. S.). Dissertatio de sede et causa coloris Æthiopum, in-4, Leyde, 1737.

Appleyard (John). The Kafir Language, in-8, King William's Town, 1850.

Arago. La lune exerce-t-elle sur notre atmosphère une influence appréciable? Notice scientifique dans l'annuaire pour l'an 1833.

Aristote. Traité de l'âme, traduit par Barthélemy Saint-Hilaire, gr. in-8, Paris, 1846.

Barth. Voyages et découvertes dans l'Afrique septentrionale et centrale, traduit par Ithier, 4 vol. in-8, Paris, 1860.

Barthélemy Saint-Hilaire. Bouddha et sa religion, 2e édition, in-8, Paris, 1862.

Bérard. Cours de physiologie fait à la Faculté de médecine de Paris, in-8, Paris, 1848-1851.

Bertillon. Documents relatifs à l'Anthropologie de l'Afrique centrale (*Bulletin de la Société d'anthropologie de Paris*, 15 mars 1860).

Blumenbach. De generis humani varietate nativa, Gœttingue, 1775.

Bochart (S.). Geographia sacra, in-fol., Caen, 1646.

Bonnet (Ch.). Œuvres. 8 vol. in-4, Neufchâtel, 1779-1783.

Bonté. Résumé analytique des faits produits à l'appui de l'influence des milieux (*Bulletin de la Société d'anthropologie de Paris*, 6 août 1863).

Bory de Saint-Vincent. Essai zoologique sur le genre humain, 2 vol. in-18, Paris, 1827-1836.

Exploring Expedition (*Amer. Journ. of Science*, 2e série, t. I, p. 302, mai 1846), VIe vol. de C. Wilkes : Narrative of the United States Exploring Expedition during the Years 1838-1842, in-4, Philadelphie, 1844....

Haller (Albertus von). Elementa physiologiæ corporis humani, 9 vol. in-4, Lausanne, 1769.

Hanneman (J. H.). Curiosum Scrutinium nigredinis posterorum Cham, in-4, Kiloni, 1677.

Herder. De l'origine du langage.

Herrera (Antonio de). Historia general de los Hechos de los Castellanos en las islas y Tierra firme del mar Oceano, 2 vol., Madrid, 1726.

Hippocrate. Traité des Airs, des Eaux et des Lieux (Œuvres complètes, trad. par E. Littré, Paris, 1840).

Hirsch. Handbuch der historisch-geographischen Pathologie, 1er vol., in-8, Erlangen, 1860.

Huber. Recherches sur les mœurs des fourmis indigènes, in-8, Paris, 1810.

Hunt. On the Negro's Place in Nature (*Anthropological Society of London*, 17th nov. 1863.)

Humboldt. Voyage aux régions équinoxiales du nouveau continent. Relation historique, 3 vol. in-4, Paris, 1814.

Humboldt et Bonpland. Essai politique sur le royaume de la Nouvelle-Espagne, 2 vol. in-4, Paris, 1811.

Hunter (John). Disputatio inauguralis quædam de hominum varietatibus, et earum causas exponens, in-8, Edinburgh, 1775.

Jacquinot. Voyage au pôle sud. Zoologie, 1846.

Josèphe. Antiquités, trad. par D. G. Génébrard, in-fol., Paris, 1639.

Kæmpfer. Histoire naturelle, civile et ecclésiastique du Japon, trad. sur la version anglaise par J.-G. Scheuchzer, 2 vol. in-fol., La Haye, 1729.

King (R.). On the Intellectual Character of the Esquimaux : Communicated by the Ethnol. Society (*Edinburgh New Philosophical Journal*, oct. 1844, — avril 1845, t. XXXVIII, p. 306.)

Klemmius. De anima brutorum, in-8, Vittembergiæ, 1704.

Knox (R.). The Races of Men, in-16; London, 1850.

Lamarck. Système des animaux sans vertèbres, in-8, Paris, 1801.

FIN DE L'INDEX.

TABLE DES MATIÈRES

FIN DE LA TABLE.

Corbeil, typographie de Crété.

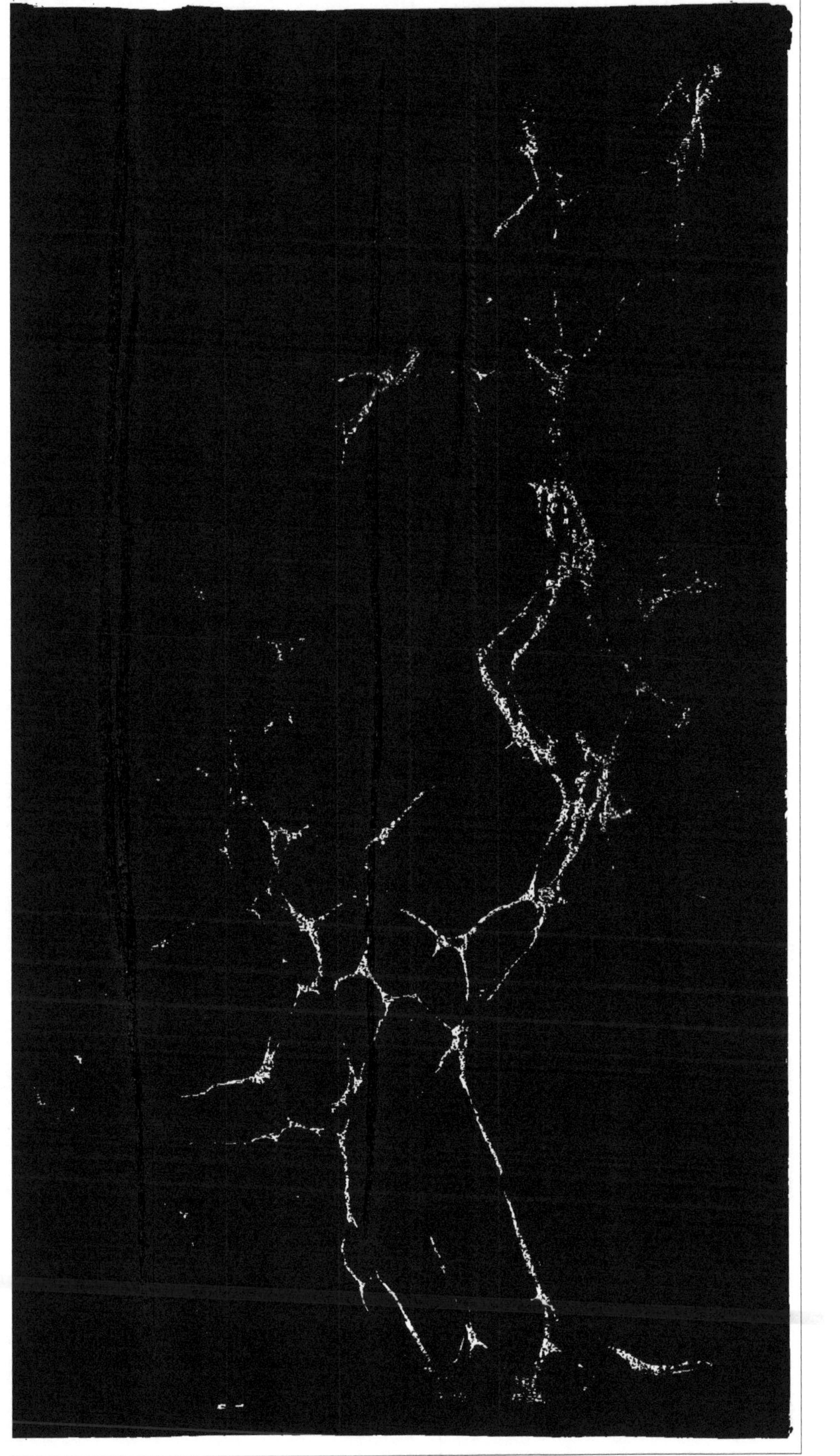

www.ingramcontent.com/pod-product-compliance
Ingram Content Group UK Ltd.
Pitfield, Milton Keynes, MK11 3LW, UK
UKHW020115200726
13856UKWH00002B/552